KB158252

꼭돈칙 시리즈 - 오사카 편

10대, 몸에 배인 경제습관이 평생을 간다!

10대들이
꼭 배워야 할 돈벌기
부자법칙

미래경제연구회 엮음

 도서출판 선영사

일본 사람들은 어떻게 부자가 되었을까?

'어쩔 수 없이' 우리는 일본에 대해서 배우지 않을 수 없다. '어쩔 수 없다'는 말을 앞세운 것은 우리가 가지고 있는 과거사라는 시간 때문이다. 그 과거의 시간에 담긴 역사가 쓰라린 것일수록 그 대상을 분명하게 배워 명확한 정체를 알지 않으면 안 된다.

　뉴스에 나오는 정치권 뇌물수수 사건에서 일명 '차떼기'라는 수법은 일본이 그 원조격이다.

　일본 최대의 상술꾼이라는 오사카 상인들은 돈을 벌기도 잘 벌었지만 뜯기기도 많이 뜯겼다. 특히 당대의 무사들이 뜯어갔는데 그냥은 아니었고 이자를 준다는 명분으로 형식상 대출이라는 절차를 밟기는 했지만, 그것으로 끝이었다.

　도쿠가와 시대(1603~1867)에 기타하마(오사카 주식거래소가 있는 곳)에서 다이묘(넓은 영지를 소유한 무사)들이 돈을 빌려갔는데 처음 얼마간은 이자를 주었지만 곧 흐지부지되고 마는 것이 상례였다.

　특히 도쿠가와 바쿠후(도쿠가와 무가의 본부)의 경우는 사정이 아주 고약했다. 말이 빌려간 것이지, 빼앗아간 것이나 다름

없었다. 대출해 갔다는 명분인데도 도무지 회수 불능이었다.

이렇게 오사카 상인들은 수도 없이 돈을 뜯겼다. 그런데도 망하기는커녕 끄떡도 없었다. 오히려 일본 최고의 상인과 부자로 이름을 떨치며 더욱 번영해 갔다.

이건 일본의 이야기다. 그럼 우리 나라는 어떤가? 정치인이 기업가에게서 '차떼기'로 기하학적인 액수의 돈을 뜯어갔다. 그래도 그 회사는 끄떡없다.

뜯기면서도 번영해 가는 모습이 우리와 일본이 같다는 것일까? 물론 그렇지는 않다. 우선 오사카 상인들의 지독한 돈벌기에 대해서 연구해 보면 우리와는 사정이 다른 것을 알 수 있다.

우리 나라의 정경유착의 수법이 일본에서 배웠다는 것을 두고 이렇다저렇다 하는 말은 잠시 접어두고, 돈을 뜯기면서도 번영해 간 일본의 최대 상술꾼인 오사카 상인에게 뭔가 비밀이 있음을 놓칠 수 없다.

만일 그들이 정직한 상인이었다면 우리는 배워둬야 한다. 왜 배워야 하는지는 이 책의 마지막 장을 접는 독자는 고개를 끄덕이게 될 것이다. 중요한 것은 잃으면서도 이익을 본다는 것에 어떤 진리가 있다는 사실이다.

도쿠가와 시대의 오사카 상인을 대상으로 소큐 도미코 씨가 연구를 하게 된 데에는 그만의 역사적 배경이 있었다. 그의 선조들은 겐로쿠 시대(1688~1703) 직후에 후쿠미(교토 시남쪽에 있는 구)에서 기타하마에 와서 쌀장사, 쌀중개업, 다이묘 상대의 돈놀이, 창고업, 바쿠후에 돈 빌려주기 등을 했다. 19세기 초에는 아주 크게 번성해서 메이지 시대(1885~1911)에 이르러서는 국립 제32은행을 설립하는 등 금융업에도 이르렀다.

그는 오사카 상인들의 상술의 비밀을 다음과 같은 항목으로 요약했다.

① 고객 본위의 서비스 정신

② 원가에 대한 뛰어난 계산

③ 인색하지만 알뜰하며, 근검 절약의 습관

④ 재빠른 눈치

⑤ 평소의 연구와 공부

이것 외에도 인내심과 건전한 상도덕을 꼽았으며, 금전관(金錢觀)이 투철했다고 지적했다. 여기에 남다른 인화(人和)의 중요성도 크게 작용했다고 덧붙였다.

다행히 전쟁의 참화 속에서도 에도 시대의 고문서(古文書)가 13 상자 정도가 남아 전해져 왔다. 그래서 소큐 도미코는 이 기록을 참고할 수 있었다. 이 고문서에는 오사카 상인들에 대한 각종 자료가 수록되어 있고, 지금은 오사카대학 도서관에 보관되어 있다.

이러한 사료를 바탕으로 해서 오사카 상인들의 상술을 연구하며 세상에 한 권의 책으로 내놓은 일은 매우 흥미롭다. 우리 나라의 개성 상인쯤에 해당하는 오사카 상인들이 어떠한 시대적 상황에서도 돈을 벌 수 있었던 데는 분명 그들만의 비법이 있는 것이다.

이 비법을 우리들도 알아두어야 한다고 거듭 말하지 않을 수 없다. 아무리 경제가 어려운 시대라도 돈 버는 방법을 알고 있는 사람은 돈을 번다. 알면 버는 것이고, 모르면 언제까지나 빈털터리 신세를 면치 못한다.

아무리 경제난이다, 정치 혼란이다 해도 우리들 주변을 돌아보면 분명 돈을 버는 사람들이 있고, 분명 문전성시를 이루고 있는 곳들이 있다. 그들이 남다른 이유를 단지 행운이라는 말을 들먹여 깎아내리는 것은 옳지 못하다.

소큐 도미코는 의미심장한 말을 했다. "사람은 처음부터 돈을 버는 것은 아니다. 우선 손님을 기쁘게 해야 한다"고 했다. 그는 옛 상인을 연구하면서 몇 백 권, 몇 천 권의 책을 섭렵했지만, 단 하나의 진리를 찾아낼 수 있었다고 고백했다. 돈을 버는 기본은 사람을 대하는 데 있다는 것이다.

'사랑', 이 한 마디로 그는 압축했다. '사업이든 장사든 그 극치는 사랑'이라고 선언한 그의 말이 무엇을 의미하는지 귀를 기울여보자.

이것은 마치 어느 나라의 절대 권력자인 왕이 신하들에게 인생이란 무엇인가를 한 마디로 말해 달라고 부탁한 다음의 일화를 떠올리게 한다.

나라 안팎의 모든 현인과 석학이 수많은 책을 뒤져 한 권의 책으로 내놓았다.

왕은 고개를 저으며 단 한 마디로 말해 달라고 주문했다. 다시 한 줄의 문장으로 압축되어 왕에게 전달되었다. 그래도 왕은 마음에 차지 않았다.

"한 마디 단어로 말해 달라."

이윽고 세상을 총동원해서 내놓은 단어는 단 하나였다.

"고(苦)."

이 괴로울 '고(苦)'라는 말에 비로소 왕은 고개를 끄덕이며 만족했다.

격변의 시대를 극복하는 불굴의 상혼과 기지, 지혜 넘치는 상술의 근본은 사람에 대한 사랑이라는 것이 이 책의 지향점이다.

다시 말해 돈을 버는 일은 '고(苦)'를 극복하는 일이고, 돈버는 지름길은 '사랑'이라는 것이다.

이 책은 바로 이러한 주요 흐름의 내용들을 오늘의 시대에 맞게 꾸며졌다. 그 핵심을 독자들에게 강조점을 찍어주듯이 서술함으로써 쉽게 다가갈 수 있도록 했다.

따라서 이 책 속에 담긴 내용들은 독자들의 호주머니를 두둑하게 해줄 수 있는 묘책들이 가득 담겨져 있다고 단언할 수 있다. 이 점이 바로 이 책의 가치라고 해도 좋을 것이다.

2004년 5월
편저자

차례

1장

상인의 마음가짐

1

돈버는
18가지 방법

1 이익만을 챙기는 사람과는 교제가 오래 지속되지 못한다

장사에서 돈만을 중심으로 관계를 맺는다면 번영할 수 없다. 장사라는 것은 사고 파는 쌍방이 서로 즐겁고 기분 좋아야 한다는 뜻이다. 그런데 이익만 추구한다면 상인으로서의 마음가짐이 결여되어 있는 것이다. 마음으로부터 나오는 진정한 친절로 장사를 하는 것이 사람의 도리라는 말이다.

어느 상점은 분위기가 밝아 보이고, 어느 상점은 그렇지 않아 보인다. 그것은 친절한 장사를 하고 있는가, 아닌가에 의해 나타나는 현상이라 할 수 있다. 상인에게 주어지는 이익은 단지 계산만으로 이뤄져서는 안 된다. 상인의 인격과 노력, 그리고 노동의 대가로서 얻어지는 당연한 보수로서의 이익이 생겨야 한다는 것이다. 이럴 때의 이익은 상인으로서 당당하게 취할 수 있다.

2 이익에만 혈안이 되면 외형상의 규모 확장에만 몰두하게 된다

이것은 매우 위험한 일이다. 맛있어서 입에 당긴다고 마구 먹어대다가는 위장이 고장나는 것과 마찬가지다. 이익만 챙기겠다는 것은 일종의 허영심이고, 자신이 허영심에 빠진 것도 모르고 능력 이상의 장사를 벌이게 되어, 드디어는 무너질 수 있다는 경고이다.

3 현금으로 거래를 해야 한다는 각오를 가져라

재력에 알맞는 장사를 하기 위해서는 현금으로 거래를 하라. 돈을 여기저기서 빌려 장사를 부풀리면 차입금과 이자 부담이 눈덩어리처럼 커져 장사가 되는지, 빚더미에 앉았는지도 분간을 못하게 된다.

현금으로 거래를 하겠다는 의지는 손실이나 이익의 그 어느 경우에도 흔들림이 없게 된다. 경영이 안정되어야만 전진하며 번영할 수 있다.

4 누구나 재력이 있는 것은 아니므로 인격과 신용이 있다는 것을 명심하라

재력이 넉넉하지 못해도 분명한 인격과 철저한 신용으로 장사를 하는 사람이 얼마든지 있다. 장사는 돈만으로 되는 것이 아니다. 상인의 인격과 신용이 합쳐져서 이뤄지는 것이 바로 장사의 정도(正道)이다.

5 번 돈에서 일정액을 상업 자본과는 분리해서 적립해 둔다

이것을 지킬 수 있다면 상인으로서 대단한 사람이라 할 수 있다. 더욱 분발해야 하는 것은 물론 치밀한 금전 관리와 수입 지출의 균형에 남다른 열정을 다해야 하는 것이다.

6 번 돈을 어떻게 쓰느냐에 신중하라

돈이란 잘 사용하면 그만큼 또다시 이익을 가져다 주는 것이다. 단 한 푼도 소홀히 하지 않는 사람이 진정한 상인이다.

7 장사에 사용되는 돈과 생활비로 쓰는 돈과의 경계가 분명하지 않은 상인은 오래가지 못한다

아무리 구멍가게를 하더라도 이 두 가지는 엄격하게 구별해서 사용할 수 있어야 한다. 하물며 큰 기업을 운영할 때에도 공적 돈과 사적 돈의 구별을 분명히 해야 한다. 돈에 대한 상인의 엄격한 자세를 말하는 항목이다.

8 이익의 분배 제도를 분명히 하라

돈이란 공정하게 흘러가기를 바라는 성질이 있다. 이익의 분배가 흐릿하다 보면 여러 가지 부작용이 일어날 수 있고, 이런 상태를 계속하면 번영으로 이끌지 못하게 된다.

9 간부의 언행과 태도에 의해서 부하직원은 교육된다

열 마디 말로 가르치기보다는 한 번의 행동으로 보여주는 것이 확실한 교육이다. 간부의 불성실함이나 옳지 않은 언행은 부하직원에게 저절로 물이 들게 하고, 결국에는 분위기가 흐려지게 된다. 그런 곳이 사업이 잘될 리 없다.

하지만 훌륭한 간부가 있는 곳에는 사원 간에도 잘 훈련된 근무가 이뤄지게 된다.

10 동업자의 좋지 못한 행태에 물들지 않는다

동업자들 중에서 어느 누가 어떤 짓을 해서 돈 좀 벌었다고 금방 따라서 흉내를 내면 안 된다는 것이다. 상인은 철저히 자기만의 신념과 의지를 갖고 장사를 해야 한다. 그렇지 않으면 이리 흔들리고 저리 흔들리다가 결국에는 무너지고 만다.

때로는 동업자와 협동하기도 하지만, 어디까지나 냉혹한

경쟁자의 관계라는 점을 인식해야 한다. 그렇기에 더욱 자기만의 장사 방법이 있어야 하는 것이다.

11 먼저 가족을 사랑하라

자기 가족을 사랑하지 않는 사람이 어떻게 타인을 사랑할 수 있겠는가. 하물며 직원을 사랑하지 않는 사람이 고객을 사랑한다는 것은 어불성설이다. 고객을 사랑하지 않는 사람은 결국 자신의 장사까지도 사랑하지 않는다는 말이 된다. 이것은 상인의 도리라 할 수 없다.

12 우는 소리를 하지 마라

일이 조금 잘 안 된다고 징징 우는 소리를 하는 사람에게 이익은 찾아와 주지 않는다. 이런 사람은 사업 목표도 분명하지 못하고, 또 자신을 스스로 깎아내리는 격이니 잘될 턱이 없다.

13 자기 힘만 믿는 사람은 언젠가는 고통을 당한다

아무리 잘된다고 하는 사람도 사람으로써의 한계가 있다. 스스로 한계가 있다는 것을 분명히 인식하는 마음으로 경건한 믿음을 갖는 것이 바람직하다. 그런 사람에게는 손님을 사랑으로 대할 수 있는 진심이 솟아나게 마련이다.

14 지불 날짜보다 먼저 지불해 주어라

이것은 상대의 마음에 원성을 사는 일을 하지 말라는 뜻이 담겨 있다. 지불이 까다로워서 거래처를 속상하게 하는 경우가 많다. 하지만 지불이 좋은 거래처에 좋은 물건이 공급된다는 사실을 기억하라. 이렇게 구입의 승부에서 이기면 좋은 물건을 고객에게 팔 수 있게 된다.

15 외상의 양과 이익의 양은 정비례하지 않는다

외상은 필요한 일이지만, 많은 외상이 많은 이익을 가져다 주지는 않는다는 경고이다. 솔직하게 사정대로 말하고 적당한 외상을 할 경우 이익이 되어줄 것이다.

16 구매자가 좋아하는 판매자가 되고, 판매자가 좋아하는 구매자가 되라

상품의 유통에는 마지막 단계가 소비자이지만, 그 유통의 과정에는 구매자와 판매자의 상호관계 속에서 최종 단계인 소비자로 이어진다. 유통의 어느 단계나 서로간에 이익이 나뉘어야 하고, 그 흐름이 쌍방간에 잘 어울려야 한다.

이익을 서로 나눔으로써 더욱 이익이 오른다는 사실을

유념하라.

17 장사에서 방해자가 있다면 바로 자기 자신이다

타인이 방해하고 있으면 바로 제거할 수가 있다. 안 되면 돌아서라도 갈 수 있다. 그러나 자기 자신이 방해자가 되고 있다면 그 누구도 제거할 수 없다. 자신이 장사에 방해자가 되고 있다면 참된 상인이 될 수 없다.

18 예절을 아는 사람이 되라

예절을 아는 사람이라면 스스로 먹고 입는 것에 만족할 줄 안다. 예절을 모르고서 장사를 한다는 것은 불의를 저지를 수 있다는 뜻이다. 장사는 그만큼 예절이 중요하다.

돈벌기 요점

아무리 변화가 빠른 세상이라고 해도 변할 수 없는 원칙이 있고, 거기에 딸려 있는 부수적인 것들이 있다.

이를테면 '사랑'이라는 것은 세상이 아무리 변해도 변하지 않는 것이다. 사업이든 장사든, 그 무엇이든 '애정'을 가지고 하는 일은 결코 사람의 배척을 받지 않는다. 사랑이라는 것은 종교나 남녀의 세계서만 있는 것은 아니다.

돈 버는 일에 있어서도 최고의 비법은 그 어떤 것이 아니라 바로 '애정', 즉 기꺼이 '사랑'이 담겨 있는 행위의 결과에는 반드시 좋은 결실이 맺어진다는 사실이다.

본 항목에서 설명한 내용, 즉 자기 이익만을 챙기지 않는다든가, 예절을 지킨다든가, 이익 분배를 명확히 한다든가, 구매자가 좋아하는 판매자가 된다든가, 번 돈을 어떻게 쓰느냐 하는 등등의 말들을 살펴보면 분명해지는 핵심어는 인간에 대한 사랑이다.

장사를 한다는 것은 인간을 사랑한다는 것이고, 이러한 사랑의 관계를 잘하는 사람은 경제가 어려우니, 국가가 어려우니 해도, 변함없이 돈을 번다는 것이다.

2

상품은
목숨과도 같다

도쿠가와 시대의 한 젊은이는 상품을 목숨만큼이나 소중히 여겼다. 그는 우산을 파는 사람이었다. 종이를 발라 자기 손으로 우산을 만들었고, 그것을 가게에 내놓아 팔았다.

그런데 장소가 넓지 못해 방금 만들어 종이가 채 마르지도 않은 우산을 점포 앞길에 내어놓고는 했다.

어느 날, 방금 만들어 길에 놓아둔 그 앞을 한 무사가 지나가면서 발로 차더니 우산 몇 개를 망가뜨리고 말았다. 이것을 본 젊은이는 화가 났다. 아무리 기개 있는 사무라이였지만 뛰쳐나가 항의했다.

"애써 만들어서 말리려고 내놓은 우산을 왜 망가뜨리는 겁니까? 이 물건은 우리 집안의 생활 양식이 되어주는 소중한 것입니다. 조금 비켜서 길을 가도 될 텐데 무슨 이런 못된 짓을 할 수 있습니까?"

사무라이의 두 눈꼬리가 치켜올라갔다.

"뭐 어째? 길은 본래 사람이 다니는 곳이잖나? 그 길에다가 우산을 널어놓아 통행을 방해하는 사람이 잘못된 일이지. 왜 나에게 항의하는가?"

"하지만⋯⋯."

"내가 누군지나 아는가? 이웃 마을의 요시무라 쇼고라고 한다. 내 이름조차 못 들었는가? 우산 몇 개가 무슨 큰 물건이라도 되는 것같이 내게 대드는가?"

사무라이는 욕지거리까지 퍼붓고 사라졌다.

젊은 가게 주인은 분통이 터졌다. 방금 사라져 버린 사무라이의 험상궂은 표정에 기가 죽어 더이상 덤벼들지 못한 게 괴로웠다.

하지만 그날 밤, 그는 이웃 마을의 요시무라 쇼고의 집 문을 두드렸다.

상인은 물건을 팔기 위해서라면 어떠한 수모와 창피를 당해도 그 정도는 참을 수 있었다. 하지만 아무리 사무라이라 해도 물건을 사지도 않으면서 소중한 상품에 발길질하는 행동은 도저히 참을 수가 없었다. 그렇기에 아무런 일도 없었던 일처럼 넘어갈 수 없었던 것이다.

문을 열고 문제의 사무라이가 나왔다. 젊은이는 분명하게 말했다.

"이 밤에 찾아온 이상 이미 죽을 각오는 되어 있소. 비록 허리에 칼을 차고 오기는 했지만 무사인 당신한테 상대가 될 리 없다는 것도 압니다. 나는 죽어도 괜찮소. 그 대신 의리를 무엇보다 소중히 여기는 우리 상인들이 가만히 있지 않을 거요. 그들이 당신을 죽일 것이오. 물론 당신이 나를 죽이고 나서 자살해 버리면 일은 이걸로 끝나기는 하겠지만 말이오. 하지만 나만 죽었을 때 우리 상인들은 당신 같은 악당은 무슨 수를 써서라도 처단할 것임을 이미 결의한 터요. 그러니 당신 목숨은 이미 끝난 거나 마찬가지요."

이 말에 사무라이도 놀랐다. 옆에서 지켜보던 그의 아내가 대신 나서서 사과했지만 소용없었다.

"요시무라 쇼고 씨, 내 목을 치지 못하겠다면 당신과 당신 부하가 모두 정장 차림을 하고 우리 집에 와서 사과하도록 해주시오."

돌아서는 젊은이의 소매를 잡고 그의 아내가 타협안을 내놓았다. 젊은이는 이것마저 거절해서는 안 되겠다고 생각했다. 정장 차림은 너무 거창하니 평상복을 입고 가서 사과하겠노라는 제안을 받아들인 것이다.

다음날 평상복을 입은 사무라이 일행이 찾아와 정중하게 사과했다. 이런 식으로라도 사과를 받아낸 젊은이였다.

상품을 목숨처럼 여기는 자세를 갖추었을 때 비로소 상인 정신이 깃들였다고 할 수 있다. 이런 모습을 가리켜 오사카상인 정신이라고 일컫는다.

돈벌기 요점

새 집을 짓고 사람이 들어가 살지 않고서 1년을 방치해 두면 폐허가 되어 버린다고 한다.

이렇듯 무생물의 세계에도 인간의 관심과 체온이 곁에 있을 때에 비로소 그 존재의 빛을 드러낸다. 그래서 이 세상을 지탱하고 있는 힘은 그 어떤 것도 아니라 사랑이라는 말을 한다.

장사의 세계에도 상인과 고객 사이에 사랑이라는 감정의 교류가 흐를 때 아름다운 거래가 이루어지는 것이다. 그렇기 때문에 상인은 고객를 애정으로 대하는 것만큼 파는 물건에 대한 사랑도 자식 사랑과 같아야 한다.

물건은 물건일 뿐이지 그럴 필요가 어디에 있겠느냐고 말할지 모르지만, 절대 그렇지 않다. 장사로 성공한 상인들을 보면 상품에 대한 애정이 자식보다 더하다는 것을 알 수 있다.

그러므로 상품도 하나의 인격체와도 같은 물격체가 있음을 기억하라.

3

곱셈의 원리

'아내와의 맞벌이.'

'돈과의 맞벌이.'

이 둘 중에서 어느 쪽이 돈을 버는 데 유리한지 생각해 보자.

아직 세상물정이 어두운 젊은이라면 '아내와의 맞벌이' 편에 설 가능성이 많다.

'돈과의 맞벌이'도 예금한 돈의 이자가 경제 변동에 따라 불만스러울 수 있다.

결론부터 말하자면 '돈과의 맞벌이'가 '아내와의 맞벌이' 보다는 궁극적으로는 우세하다는 것이다.

"아니, 예금을 해도 물가상승 폭이 큰데도 말입니까?"

이런 볼멘소리를 할지 모른다. 대부분 사람들의 경제지식에는 수박 겉핥기 식 같은 것이 꽤 많다.

일본의 재미있는 책에는 이런 구절이 있다.

'엽전 세 닢 정도로는 크게 벌지 못한다. 하지만 돈이 돈을 모으는 세상이다.'

'묶어둔 돈에서는 이익이 생기지 않는다.'

이런 표현이 애매하게 여겨진다면 잠시 서양의 명인들이 남긴 말을 보도록 하자.

프랭클린(1706~1790, 미국의 정치가)은 그의 자서전에서 돈에 대해서 언급한 기록이 있다.

"소년 시절에는 돈이 생기면 책을 사느라고 모두 써버렸다."

이렇게 회상하고는 덧붙였다.

"돈이라는 것은 본래 자동 번식력이 대단한 것이다. 처음 1백 달러를 모으게 되면 그 다음의 1백 달러는 저절로 모이게 된다."

영국의 엘리자베스 시대의 뛰어난 천재의 한 사람이었던 베이컨도 돈에 대해서 언급했다.

"얼마 안 되는 재물을 얻자면 고생이 많지만, 큰 재물을 얻는 데에는 뜻밖에 쉽게 이루어질 수 있다."

앞서 말한 '저절로 모이게 된다' 거나, '쉽게 이루어질 수 있다' 라는 말에는 말 그대로 돈이 돈을 번다는 뜻을 포함하고 있는 것이다.

옛 문서에서는, 상인들의 한결같은 지혜는 분명 '돈과 맞벌이'를 해야 한다고 기록하고 있다.

자가용을 굴린다, 해외 여행을 다닌다, 명품이다, 또는 저 사람은 저렇게 사는데 하는 등의 유혹에 쫓아다니다 보면 저축할 새가 없다. 이런 유혹을 뿌리칠 수 있어야 돈을 모을 수 있다는 것은 자명한 말이다. 10년, 30년, 50년 뒤를 내다볼 줄 아는 지혜로운 인생의 눈을 젊을 때부터 가지고 있어야 한다.

일해서 버는 돈과 은행에 맡겨 저축으로 불려지는 돈의 두 힘이 합쳐지면 합산이 아니라 곱셈이 된다. 이 훌륭한 곱셈의 원리가 바로 '돈과의 맞벌이'를 뜻하는 것이다.

지금 나에게 수박 겉핧기 식의 경제지식이 배여 있지 않은지 점검해 보자.

세상을 사는 것니라 지혜로 살 필요가 있는 것이다.

돈벌기 요점

어떻게 해서 돈을 벌 것인가를 잘 생각해 보라. 돈을 벌어서 불려나가는 일이 혼자서는 힘든 것이 사실이고 보면 협력적인 그 무엇이 필요하다.

돈이 가지고 있는 마력에는 엄청난 증식력이라는 것이 있다. 어느 단계에까지는 증식이 그다지 커지지 않다가, 어느 수준에 이르면 폭발적인 증식이 이루어지는 마력이 돈에는 있다는 뜻이다.

이러한 돈의 성질에 대한 통찰이 되어 있다면 돈을 불려가는 방법도 눈에 보이게 된다.

우리가 자신을 먼저 살펴야 할 것들 중에서 경제에 대해서 수박 겉핥기 식의 지식을 가지고 있지 않나 하는 점을 고찰해 보자. 그런 쓸모없는 지식이 오히려 돈을 벌거나 불리는 데에 걸림돌이 될 수 있다는 점을 생각해 보았는가.

아끼고 저축해서 모인 작은 액수의 돈이라도 그것을 어떻게 증식하느냐에 따라서 엄청나게 커진다는 사실을 명심하라. 따라서 돈을 모아 재산을 불리겠다는 생각을 가진 사람이라면 계획을 세워서 훗날을 대비하라.

4

미래의 계획을
철저히 세워라

모든 일에는 계획을 세워서 하면 효율적이고 목표에 이를 가능성이 그만큼 높아진다. 그래서 절반의 성공은 계획에서 시작되는 것과 다를 바 없다고 하는 것이다.

앞서 예를 든 도쿠가와 시대의 한 청년의 예에서, 그가 어떻게 계획을 세워 장사를 성공으로 이끌어 갔는가를 보기로 하자.

이 청년은 어릴 때 교토의 한 약종상(藥種商)에 들어가 거기서 잔심부름을 하면서 어느새 30세가 되었다. 이제 자기만의 상점을 경영하고 싶어서 주인을 찾아가 허락을 받아 독립하게 된 것이다.

개업 준비에 들 자금과 여러 가지 물품이 만만치 않아 그는 나름대로 복안을 세웠다. 약간의 퇴직금을 자금으로 충당하고, 주인으로부터 오사카 부두에 있는 약종 도매상 상품을 구입할 수 있는 도움을 받았다.

다른 사람도 할 수 있는 이 정도라면 이야기는 별 흥미가 없을 것이다. 이 젊은이는 〈만일 개벽장(萬日開闢帳)〉이라는 독특한 장부를 만들었다는 데에 주목해서 배울 것이 있다.

앞으로 살아갈 일과 장사를 어떻게 시작해야 할지에 대한 계획들을 이 장부 속에 면밀하게 기록한 것이다.

〈만일 개벽장〉에 적은 필요한 자금은 상업용과 가사용으로 나눠서 적었다. 예를 들어 ①다다미 6장 ②주판 1개 ③찬장 1개 ④저울 ⑤선반 ⑥방석 ⑦장롱 ⑧찻잔 ⑨수저 ⑩밥상 ⑪이불 ⑫접시…… 이렇게 적어나가 보니 종류도 많고 필요한 돈도 상당했다.

그는 좀더 구체적으로 앞날을 정리해 보았다. 우선 자신의 나이가 30세이니 향후 25년간 열심히 일을 해서 55세가 되면 은퇴해 자식에게 물려주기로 했다.

그 이후로는 5년간을 그동안 자신에게 도움을 주었던 사람들을 찾아다니며 은혜를 갚거나 종교생활을 더욱 열심히 하면서 노년 생활을 하기로 계획을 세웠다.

물론 이때에는 집도 마련되어 있어 자손에게 남겨야 하고, 노후 생활을 잘할 수 있도록 준비가 되어 있어야 했다. 그러니 분명 남에게 신세를 질 수밖에 없고, 그것을 꼭 갚기로 했던 것이다.

그리고는 니죠오 부근의 뒷골목에 3평 정도로 개업했다. 그리고서 개업 인사장을 보내기로 했다. 그는 머리를 짜서 독특한 인사글을 썼다.

〈이번에 주인의 허락을 받아 니죠오에 새로 상점을 열게 되어 개업 인사를 드리게 되었습니다. 이에 즈음해서 축하의 마음을 보내주신다면 고마운 마음을 금치 못하겠습니다. 행여 축하 선물을 보내주신다면 더할 수 없이 고맙겠습니다만 과분한 도움은 사양하겠습니다. 아래와 같이 개업에 조금이라도 필요한 항목을 적어 놓았습니다.

금전을 보내주신다면 아래에 적힌 것들을 사도록 하겠고, 가지고 계신 것 중에서 저에게 적당한 가격에 파실 수 있는 것은 알려주시면 고맙겠습니다.

축하해 주시는 마당에, 한 가지 사양하고자 하는 것은 술 종류는 제게 부담이 되기에 사양하고자 합니다. 대신 이 '만일 개벽장'에 적힌 것 중에서 구입할 수 있도록 힘이 되시는 대로 현금으로 주신다면 고맙겠습니다.〉

개업 인사를 하려는 사람들도 선택의 여지가 있어서 좋았다. 구체적이고 실행하기에 쉽도록 했으므로 보내는 쪽도 받는 쪽도 서로가 효율적일 수 있었다.

축의금은 순식간에 은으로 520돈 가량이 들어왔다. 은 50돈은 에도의 1냥에 해당하는 것으로, 즉 10냥의 돈을 모을 수 있게 된 것이다. 적잖게 들어온 액수였다.

그는 이 돈을 오사카의 거래처 도매상에 맡겼다. 히라노초 도매상에 260돈, 도슈초 도매상에 260돈으로 나누어 구입 보증금으로 내어놓은 데다가 일하던 곳의 주인이 추천과 보증을 해줌으로써 그의 장사는 처음부터 잘되어 갔다. 결과적으로 그는 자기 돈은 거의 한 푼도 들이지 않을 수 있었던 것이다.

3평 남짓한 상점이라 숙식하기에는 힘이 들었다. 오사카에서 돌아오면 그는 옛 주인의 집에 기거하는 식으로 돈의 낭비를 막았다. 520돈의 들어온 돈을 축내서는 안 되겠기에 가재 도구는 차차 준비해 나갔다.

1년이 지나서 결산을 해보니 5관의 자산이 불었다. 그는 4분의 1에 해당하는 1관(520돈)을 오사카의 구입처 약종상에게 다시 맡겼다. 이렇게 해마다 결산의 4분의 1을 계속해서 예치해 놓았다. 요즘 말로 말자하면 '신탁'에 해당하는 저축을 했던 것이다.

개업 후 25년이 지나갔다. 그가 계획한 대로 은퇴해서 자식한테 물려줄 때에는 맡긴 원리금 합계만도 50관, 양쪽 도매상을 합해서 모두 1백 관이 되었다. 그는 오사카에 40관을 들여 저택을 구입했다. 그리고 50관으로는 그동안의 은혜를 갚기 시작했다. 이런 식으로 그는 자신의 계획을 상세하게 구상했고, 그것을 실천했고, 마침내 이뤄냈던 것이다.

그는 예정대로 삶의 마무리를 향해서 종교적 심성을 닦으며 여생을 보냈고, 인생을 성공적으로 이끌 수 있었다.

이 상인의 인생을 성공으로 이끈 요소는 여러 가지가 있을 것이다. 그러나 무엇보다 개업을 시작하면서 작성한 〈만일 개벽장〉이라는 장부를 실천하기 위한 그의 의지와 노력이 참으로 독특하고 숭고한 모습으로까지 보이지 않는가?

돈벌기 요점

한 번도 계획을 세워보지 않은 사람을 없을 것이다. 초중고 때 방학 숙제에 어김없이 들어가 있는 방학 계획표를 떠올려 보면 미소를 금할 수 없다.

중요하다는 것을 뻔히 알면서도 계획대로 하지 못하기 일쑤고, 의욕이 앞선 무리한 계획을 세워 실천 불가능하게 만든 경우도 있다.

비록 세워놓은 계획을 단 며칠밖에 하지 못하고 중단이 되었더라도 방학이면 또다시 계획을 세운다.

계획을 세운다는 것은 희망을 향해서 가는 것이고, 미래를 향한 발걸음인 것이다. 이러한 발걸음이 있는 한, 때로는 가다가 비바람치고 눈보라가 휘몰아쳐도 앞으로 전진해 나갈 수 있다.

계획이라는 것은 일종의 안테나와 같다. 안테나라는 말은 생물학에서는 곤충의 더듬이를 말하는 것으로, 앞을 더듬어서 나갈 수 있는 능력을 일컫는 뜻이다.

계획에는 이러한 능력이 있음을 간과해서는 안 된다. 많은 사람들이 계획을 세워놓고는 오히려 그것에 주눅이 들고 마는 경향이 있다. 쉽게 생각하라. '계획은 더듬이와 같은 것이다' 라고.

5

기획력으로
앞서가라

1683년, 조조지 절에서 있었던 일이다. 이때는 도쿠가와의 제5대 쇼군 츠나요시(1646~1709)의 시대였다. 각지의 영지에 깃발을 세워 사치 방지와 검약에 대한 칙령이 강화되고 있던 때였다.

그 즈음 조조지 절의 기왓장 하나가 떨어진 일이 생겼다. 이 정도로 문제가 될 것은 없었는데도 실제로는 그렇지 못했다. 조조지 절이란 도쿠가와 가문의 영묘(靈廟)였으므로 문제가 되었던 것이다. 사찰지기가 근무 태만으로 생긴 일이라고 지적되었다.

지붕이 높았으므로 고가 사다리가 없던 시대라 생각처럼 간단한 일이 아니었다. 수리 공사는 입찰에 붙여졌다.

"입찰가는 아끼지 않겠다. 견적서를 빨리 내라."

지붕 전체를 갈아끼우는 것도 아닌 기와 한 장의 공사였다. 한 장만 달랑 들고 지붕에 올라가 수리하는 일이 그렇게 간단하지 않았다. 발판을 만들어 올리려면 통나무 수백 개는 들어야 하고, 밧줄도 적잖게 실어와야 했다. 그렇다고 해서 기와 한 장을 갈아끼우기 위해서 들여야 하는 공사비는 제법 클 수밖에 없었다.

입찰에 참가한 사람 가운데 가와무라 즈이겐이 제시한 입찰가는 단돈 3푼 2주(朱)였다. 4푼이 1냥이므로 1냥도 안 되는 금액이었다. 그런데 다른 업자들은 1백 냥이 넘는 금액을 제시했다.

그 사람들이 가와무라 즈이겐을 의심의 눈초리로 보는 것은 당연했다. 그러나 낙찰은 낙찰인지라 그에게 일이 맡겨졌다. 그때 가와무라는 아주 특이한 공법을 이용했다.

그는 연을 띄우기 시작했다. 연줄을 조조지 절의 지붕 한 쪽에서 반대쪽으로 걸치게 했는데, 맨 처음에 가느다란 실이 한 가닥 걸쳐지게 되자 이를 이용해 계속해서 굵은 실로 바꾸어 이어서, 나중에는 튼튼한 밧줄을 걸칠 수 있었다.

이렇게 해서 줄사다리를 연결했다. 그러고는 줄사다리를 고정할 뒷줄을 본당 뒤의 큰 나무에 단단히 붙들어 맸다.

이렇게 해서 가와무라는 등에 기왓장을 짊어지고 쉽게 지붕으로 올라갈 수 있었고, 간단하게 수리를 마치고 내려왔던 것이다. 요란스러운 공사가 아니라 마치 묘기라도 부리고 일을 마친 것 같았다.

이렇게 되자 사람들은 감탄했다. 이 이야기의 신빙성은 차치하고라도, 가와무라 즈이겐이 남다르게 지혜와 솜씨가 뛰어났다는 것만은 분명하다. 그 이후에도 그가 다른 일로도 이와 유사한 재치를 보인 일이 있었다.

일본의 연호로 텐나(1681~1684) 이전인 엔보(1673~1681) 1년에 조조지 절의 범종이 만들어졌다.

그런데 범종을 매달고 있는 갈고리가 부러지는 일이 생겨났다. 엄청나게 무거운 범종이라 다시 끌어올려서 종루에 매다는 일이 간단치 않았다. 오늘날과 같은 크레인이 없던 시대라 많은 인력 동원으로 해내야 했다.

역시 발판을 설치해서 종루에 매달아야 하는 방법을 택한다면 기간도 오래 걸리고 비용도 많이 들어야 했다. 그러니 입찰가가 높을 수밖에 없었다. 이번에도 여기에 참여한 가와무라 즈이겐은 다른 사람의 절반가도 안 되는 저렴한 입찰가를 제시했다.

당연히 가와무라 즈이겐이 일을 맡게 되었다. 그는 발판을 설치하지도 않고 엉뚱하게 쌀을 가득 사들였다. 그는 쌀 상인들을 불러모아 조조지 절까지 운반해 놓도록 했다.

전국의 쌀섬이 속속 운반되어 쌓여갔다. 그는 쌀을 인수할 때 어느 상점의 누구의 쌀인지를 이름표를 붙여 달아놓도록 했다. 이것도 남들이 하지 않는 일이라 이상하게 생각했다.

가와무라는 그 쌀섬들을 종루 밑에 쌓고는 조금씩 범종을 위로 밀어올렸다. 그렇게 쌀섬을 밀어올리며 쌓아올리자 범종을 위로 올릴 수 있었다. 얼마 지나지 않아 그 거대한 범종을 종루에 달아올렸다.

공사가 완료되기까지 쌀섬도 엄청나게 많았다. 그러나 이제 이 쌀들이 필요없게 되자, 그는 쌀장수들에게 납입 가격에서 낮춘 가격으로 다시 인수해 가도록 했다. 쌀장수들은 꿩 먹고 알 먹는다는 식이 되었고, 더구나 이름표를 달아놓았으니 주인이 바뀔 수도 없었다.

이런 식의 공사로 범종을 달아올렸으니 다른 입찰자보다 공사비가 쌀 수밖에 없었다.

가와무라 즈이겐은 세상일을 보는 눈을 다른 사람과 똑같이 가져서는 안 된다는 것을 일찍이 깨달은 사람이라 할 수 있다.

돈벌기 요점

필요가 발명을 낳는다는 말처럼, 필요하기 때문에 사람은 생각하게 되고, 그 생각의 결실이 인류에게 문명의 이기를 가져다 주었다.

오늘날 세상에 나와 있는 무수한 발명품은 예전 사람들은 꿈도 꾸지 못했던 것들이다. 그러나 그런 사람들 중에서 누군가는 꿈을 꾸고, 세상에 없는 것을 찾아내고, 고안해내고 또한 연구해 냈다.

지금은 실현 불가능해 보이는 것이라도 언젠가는 실현되는 것이 세상이기에 인간의 상상력과 노력은 한정된 것이 아니라는 뜻이다.

자신의 가슴과 생각을 활짝 열고 세상을 볼 수 있어야 한다. 끊임없는 자기 개발과 관찰력과 탐구력을 높이는 데 힘을 써야 한다. 요즘 시대는 흔한 방법으로는 더 이상 흥미를 끌 수가 없다.

바꿔 말하면 조금만 생각을 달리하면 엄청난 위력을 발휘할 수 있고, 그것은 돈을 거둬들이는 일로 연결이 되는 시대이다.

자신은 머리가 나쁘다는 부정적인 생각을 버리고 세상을 보는 눈을 조금만 달리 해도 위대한 일을 해낼 수 있는 게 오늘의 세상임을 기억하라.

6

돈 벌어주는
매상고

다이쇼 시대(1912~1926)의 한 잡화상 사환이었던 우스보케 미키치의 이야기는 오늘날에도 유명하다. 상인이란 어떤 생각을 하며 장사를 해야 하는가를 보여주는 좋은 예라 할 수 있겠다.

손님이란 단 한 푼이라도 싸다는 소문이 있으면 아무리 먼 거리라도 찾아가는 경향이 있다. 한 푼이라는 인색한 마음보다는 남보다 싸게 파는 그 상인의 마음씀에 사람들은 은근히 끌리는 것이다.

미키치가 일하는 잡화상은 매상이 잘 오르지 않았다. 매일이 그날 그날이라 주인은 맥이 빠져 그날은 아예 아침부터 놀러 나갔다. 그런데 주인은 나가다 말고 우스보케 미키치에게 한 마디 던졌다.

"낮잠만 자지 말고 선반이라도 깨끗이 청소해 둬라."

미키치는 주인의 말대로 했다. 선반에서 먼지를 털어내려고 상품을 꺼내 진열대에 놓았다. 잡화상은 갖가지 물건의 잡동사니라 여러 가지 물건이 나왔다.

이것들은 팔다 남은 재고여서 진열되어 있다 해도 잘 팔릴 것 같지 않았다. 그래서 그는 〈골라 잡아 20전〉이라는 광고 쪽지를 적어 내걸었다. 그러자 순식간에 재고들이 다 팔려나갔다.

저녁에 돌아온 주인은 미키치가 한 걸 보고 잘했다고 칭찬해 주었다.

"재고를 현금으로 바꿔놓는 것은 어쨌든 잘한 일이다. 이거야말로 장사의 첫 번째 수완이라 해도 좋다. 넌 훌륭한 장사꾼 기질이 있다."

미키치는 재고가 장사에 좋지 않다는 것을 어디서 배운 것이 아니라, 장사를 하다 보니 어느새 터득한 것이었다. 상도(商道)라는 것은 이렇게 몸에 배는 것이다.

미키치가 장사꾼으로서의 면모를 보인 또 다른 일화가 있다.

주인은 잡화상 하나만으로는 돈벌이가 신통치 않았다. 자신은 다른 일자리를 구하고는 잡화점은 아내와 사환에게 맡겼다.

미키치는 종종 안주인의 입에서는 돈타령이 흘러나오는 소리를 들었다.

"어떻게 해서라도 돈을 모아야 할 텐데."

하지만 열심히 노력한다고 해서 돈이 호락호락 들어오는 것도 아니었다. 두 사람은 이런저런 생각을 곰곰이 해보았다.

안주인의 생각은 오전과 오후로 매상액을 나눠서, 오전

에 판 물건의 이익은 매일 저축하기로 하고, 오후에 판 물건의 이익금은 살림에 쓰기로 했다.

그러나 미키치가 생각한 것은 그런 것과는 달랐다.

"아주머니, 그런 것보다는 제 생각에는 이렇게 하면 좋겠습니다."

이렇게 서두를 떼고는 한다는 말이 귀를 의심케 했다.

"매상을 두 배로 올리는 방법이 있으니 해보시지요."

"애야, 매상이 무슨 고무줄도 아니고…… 그렇게 쉽게 두 배로 늘지 못한다는 것쯤을 너도 알텐데?"

그래도 그는 막무가내였다.

"진열하는 상품을 구별하는 것입니다. 오전에 내놓을 상품과 오후에 내놓을 상품을 분류해서 바꿔주는 것입니다."

안주인은 반신반의였지만 미키치의 의견을 따라보기로 했다.

미키치는 그동안 손님들을 유심히 관찰해 보았다. 어떤 물건이 어느 시간대에 잘 팔린다는 것을 알아냈던 것이다. 상품 진열을 바꾸는 일은 물론 귀찮은 일이긴 했지만 꾸준히 실천해 보았다.

오전 상품과 오후 상품을 번갈아 가며 진열하자, 정말로 매상이 두 배로 올랐다.

미키치는 이러한 것을 누구한테서 배운 것도 아니었다. 장사를 하면서 몸으로 터득한 것이었다.

그래서 오사카 상인들은 장사 방법을 선생이나 학자에게

서 배우는 것이 아니라고 말한다. 장사를 하다보면 체험하게 되는 방법이 가장 좋다는 것이다.

우스보케 미키치도 철저한 오사카 상인이었던 것이다. 이러한 상혼(商魂)은 언제 어디서도 그 빛을 발하기 마련이다.

돈벌기 요점

　사람들은 흔히 변화를 별로 좋아하지 않는 경향이 있다. 책상을 한 곳에 두면 별다른 일이 없는 한 1년이고 2년이고 같은 장소 그대로이다. 그러나 위치를 바꿔놓았을 때 방 안의 분위기는 크게 달라진다.

　마찬가지로 자기가 하고 있는 일의 위치를 바꾸어 보는 것도 좋다. 형식이든 방법이든 위치든 그 어떤 것이든 현재까지의 모습에서 완전히 바꿔본다는 것이다.

　작은 변화든 큰 변화든 그 변화로 인해서 하루가 달라지고 일주일, 한 달, 반 년, 그리고 1년이 달라질 수 있다면 지체하지 말고 변화를 시도해야 한다. 변화가 있는 곳에 발전이 있기 마련이다.

　더구나 어제 나온 신제품이 하루만 지나도 유행에서 뒤지고 마는 격변의 시대에서 구태의연한 자세를 고집하고 있어서는 도움될 것이 없다.

　사람의 감각은 예민하기도 하지만 무딘 면도 있다. 유행에 민감한가 하면 금방 싫증을 내기도 한다. 흥미를 잃은 상품은 팔릴 수 없고, 흥미를 끄는 힘도 영원한 것이 아니라 물거품처럼 쉽게 꺼진다.

　무엇이 새롭게 변하고 있다는 것은 사람의 기호가 계속 변하고 있다는 것을 말하는 것이다. 그러니 잠시라도 방심하고 있을 새가 없다. 한 걸음 앞서 변화를 주도하는 사람이 되자.

7

상인의 8가지
마음가짐

상인으로서의 마음가짐이 있다고 하면 장사하는 사람이 돈만 벌면 되지 무슨 마음이냐고 할지 모른다.

오사카 상인에게는 '상인의 마음'이라는 게 있다. 상인으로서의 성공 비결이라고도 부를 수 있는 이것은 오늘날의 우리에게도 반드시 필요한 내용이다.

1 목표는 가능성이 있는 것으로 세운다

의욕만 앞서서 달성할 수 없는 목표를 세웠다면 헛된 공상에 불과하다.

자신의 힘으로 달성할 수 있는 목표로 정할 때 주의할 점은 수정할 수 있어야 한다. 다시 말해 목표를 정해 놓고 막상 부딪쳐 보면 손을 뻗어 닿을 수 없다는 생각이 들 수 있다.

이럴 때는 과감하게 수정을 하라. 왜냐하면 처음 정했던 목표가 지나치게 높았기 때문이다.

일단 발돋음을 해서 다다를 것 같으면 마음속에서 해볼

수 있다는 자신감이 생긴다. 이럴 때 자신 있게 시작하라. 그러면 마음의 약동마저 느껴져 힘차게 출발할 수 있다.

2 일에 얼마만큼 자신감을 가지고 있는가

계획을 세우고 실행해서 성공하면 이익과 결부되지만, 실패하면 손해를 보게 된다. 장사를 하는 이상 여러 가지 일을 시도해 보기도 한다. 그렇기 때문에 어느 한순간이라도 어떤 일이라도 마음을 놓을 수 없다.

계획이라는 것은 그 순서에 따라 마무리지어 가는 것을 말한다. 마치 나라에서 법을 만들 때에는 처음에는 '대강(大綱)'을 정하고, 그 아래로 하위법을 만들어서 새로운 법률을 탄생시키는 것과 같은 이치이다.

그러므로 장사라는 것은 상인이 끊임없이 생각하고 메모로 정리되어, 하나의 계획으로 세워져 마무리지어져 나가야 하는 것이다.

상인이 자신감이 없다면 장사를 할 수 없다는 것과 같다. 단순한 생각만으로는 안 되는 것이 장사이기에 생각을 마무리짓고 자신감으로 밀고 나가야 한다.

3 근면과 노력은 기본

근면과 노력은 칭찬받아야 하는 덕목이라고 생각하는 것은 잘못이다. 당연히 근면해야 하고 당연히 노력해야 하는 게 인생사인데, 장사에서도 마찬가지이다. 그러니 바로 '근면과 노력은 기본이다' 라는 것이다.

장사를 하는 사람이 스스로가 근면하고 노력하지 않는다면 고객과는 거리가 멀어지게 된다. 뿐만 아니라 직원을 두고 있다면 그런 주인에게 누가 따라오겠는가.

만일 노력하지 않았는데도 돈을 벌었다는 경우가 있다면 그건 복권에 당첨된 행운에 불과한 것일 뿐이다. 세상은 근면하고 노력하는 사람에게 이익이 돌아가게 되어 있다.

4 남에게 비웃음을 받아도 흔들리지 않을 수 있어야 한다

상인이 성공하려면 무엇보다도 '인내' 가 중요하다. 때로는 자신의 인내를 시험해 볼 필요도 있다.

마쓰다이라 슈가쿠(1828~1890)는 절약과 검소한 생활면에서 대단한 사람이었다. 식사도 아침에는 절인 야채뿐이고, 점심은 국이나 또는 단 한 가지 반찬뿐이었다.

당시의 관습 가운데에는 두부를 팔 때에 10 모를 하나의 단위로 해서 팔았다. 가족이 적은 경우에는 그 양이 너무 많았는데도, 그렇다고 절반으로 나눠서 팔지도 않았다.

슈가쿠는 필요한 만큼의 두부를 살 수 없다고 해서 꼭 정해진 10모를 사야 하는 법이 있느냐며 체면을 무시하기로 했다.

아내가 장에 갈 때에 부탁하기를 남들이 수군거린다고 부끄러워 말라며 당부하면서, 두부를 1모만 사오라고 말했다.

요즘 세상에서 이런 일은 참으로 난감한 일이긴 하지만, 아무튼 인내라는 것이 살아가는 데에는 절대적으로 필요하다는 이야기이다.

고통스러움을 참는 게 인내라면 사람이 살아가면서 인내해야 할 게 어디 한두 가지이겠는가. 스스로 인내를 시험해 보는 것도 하나의 방법일 수 있다.

경기라는 것은 늘 기복이 있다. 마치 날씨도 더위와 추위가 있듯이 말이다. 장사에도 잘 팔릴 때가 있고, 그렇지 않을 때가 있다. 무슨 일을 할 때도 잘 풀릴 때가 있는가 하면, 그 반대의 경우도 있다.

그렇기에 상인이라면 참아내야 할 시기가 분명 있다. 이러한 때의 고비를 잘 넘기는 상인만이 더욱 번창할 수 있다. 그러니 남이 비웃더라도 참을 수 있는 인내를 스스로 길러보는 것도 해볼 만한 일이 아니겠는가.

5 자기 실력을 시험해 보자

장사에는 배짱이 필요하다. 상인이라면 배짱이라는 것이 일종의 실력일 수 있다. 다소 무리가 된다 싶어도 고집스럽게 밀고 나가는 시도를 해봄으로써 경험도 되고 자기 실력의 배양도 될 수 있다.

6 신용을 받고 있는가

장사에서 신용은 목숨과도 같은 것이다. 신용을 잃는다면 성공은 사라져 버리고 만다.

고객의 주문이라든가, 의뢰, 또는 고객이 털어놓는 불만이나 잔소리, 이런 것을 따지자면 얼마든지 있다. 이럴 때 고객에게 실수라도 하면 되돌릴 수가 없다. 그렇지만 반면에 한 번 얻은 신용은 천금과도 같은 것이다.

마치 피땀 흘려 영토를 얻은 군주의 지위는 오래갈 수 있지만, 노력 없이 얻은 지위는 쉽게 무너지고 백성으로부터 신뢰를 받지 못하니 군주는 아무 일도 할 수 없다.

다시 말해 장사는 막연히 해서는 안 되는 것이다. 신용이라는 것은 안일에서 생겨나는 것이 아니다. 물건 하나를 팔아도 애를 쓴 노력이 있어야 돈의 고마움을 알게 되고, 이것이 신용과 이어질 수 있다는 말이다.

장사는 경험이 중요하다는 것은 이런 것을 두고 말한다.

돈을 버는 게 쉽지 않다는 것을 알면 신용의 중요성도 더욱 잘 알게 되는 것이다.

그렇기에 상인은 인내와 고통을 견디어 내기 위해 잠을 설친 밤도 있어야 하고, 고뇌의 시간도 있어야 이것이 귀중한 체험으로 쌓이게 된다. 이것이 곧 신용을 쌓는 기반이 된다.

7 자신의 말이 어떻게 메아리되어 돌아오는가

상대의 말을 들어보면 그 마음을 알 수 있다. 장사에 있어서 이 마음과 언어의 문제는 갈고 닦아야 할 수련의 문제이기도 하다. 고객을 대하는 자세는 그 말에서 나타나는 것이다. 고객에 대해 어떤 언어와 몸가짐을 가졌느냐는 것은 그대로 되돌아오는 것이다.

기본적인 인사말에서부터 가장 정선된 언어 표현을 할 수 있어야 한다. 말 한 마디로 물건을 팔 수도 있고, 팔지 못할 수도 있는 것임을 명심하라.

8 주위의 친구들은 나를 어떻게 생각하는가

흔히 있는 일이기도 하지만, 장사가 좀 잘된다고 하면 밖으로 나돌기 시작한다. 놀러다니거나 친구들과 몰려다니며 시간을 낭비하게 되는 경우가 생긴다.

어떤 상인은 가게나 사무실에 아예 친구들을 불러들이기도 한다. 이렇게 되면 주인이 일에서 멀어져 있는 것이고, 직원들도 덩달아 근무 자세가 풀어져 버린다.

매상이 내려앉고 이익도 감소되는 것은 뻔하다. 재고가 창고에 가득 차고 자금은 회전되지 않으니 드디어는 도산하고 만다.

친구가 없어도 곤란하지만, 너무 많아서 아니면 너무 어울려 다녀서 장사에 곤란을 주는 문제로 이어져서는 안 된다. 도움을 주는 친구가 있는가 하면, 해를 끼치는 친구도 있다는 것을 잊지 말라.

좋은 친구는 어떤 것인가를 말해 주는 이야기가 있다.

딸이 결혼하게 되어 청첩장을 돌렸다. 한 친구에게서 편지가 동봉된 소포가 배달되었다. 편지에는 이런 내용이 적혀 있었다.

"자네의 딸을 본 적은 없네. 하지만 축하의 선물을 보내지만 특별하게 자네와 자네의 아내가 쓸 수 있는 것으로 보내네. 딸을 키워 시집을 보내게 됐으니 그 노고를 친구가 인정해 주고 싶은 뜻일세. 자네 부부가 쓸 수 있는 그릇 한 벌을 보내니 기념으로 받아주게."

좋은 친구는 이런 배려의 사람을 말하는 것이다.

친구라고 하는 것은 무리를 짓기 마련이다. 하지만 서로가 도움을 주지 못하는 무리로서의 친구들이라면 결국에 서로가 피해를 줄 수 있다는 것을 기억하라.

사업의 세계에서 좋은 친구 덕분에 도움을 받은 경우도 있지만, 잘못된 친구 관계로 패가망신하는 일도 흔히 생겨난다. 친구를 가려서 사귀어야 하는 것이 상인으로서 갖춰야 할 마음자세의 하나이다.

돈벌기 요점

　자신에게 엄격한 사람이라면 어떤 일에도 흐트러짐이 없다. 엄격함이라는 것은 무질서한 자기 욕망에 좇아 사는 것이 아니라, 일정한 삶의 규율을 정해 놓았다는 것을 말하기 때문이다.

　무엇에 성공한다는 것은 성공으로 가는 궤도를 이탈하지 않은 채 꾸준히 달려가는 것을 말한다. 이러한 규율은 자신을 속박하는 족쇄가 아닌데도, 흔히 사람들은 귀찮아하는 경향이 있다.

　이런 사람일수록 얼핏 보면 자유분방한 것 같지만 결국에는 그 끝은 과녁을 맞추지도 못하고 성공의 정상에 오르지도 못한다. 엄격한 자기만의 궤도를 정해 놓고 달려가는 사람이 되자.

남보다 앞서가는 포인트

1) 유태인 상술의 지혜

유태인의 상술을 연구한 유태인 랍비 마빈 토케이어는 상인의 금기 사항으로 다음 세 가지를 꼽았다.

① 과대 선전을 해서는 안 된다.

② 값을 올리기 위해서 사재기를 해서는 안 된다.

③ 계량기를 속여서는 안 된다.

사실 오늘날 이 세 가지를 범하지 않는 사람을 찾기는 어려울 것 같다. 그럼 오늘날 상인은 악덕이라고 해야 하는가.

유태인의 상술은 5천 년 역사에서 나온 지혜다.

일본의 상업 역사는 2천 년, 미국은 2백여 년이 된다. 그러나 경험으로 보자면 유태인을 따를 수 없다. 뿐만 아니라 인도, 중국, 지중해 연안의 상인들도 그 역사가 오래다. 그들에게서 배울 교훈이 있다.

중국에서는 상품값이 오르기를 바라고 저장해 두는 것을 둔적(屯積)이라고 한다. 그에 관련된 다음과 같은 기록이 있다.

"상품을 팔 때 소문도 동시에 판다는 사실을 잊어서는 안 된다. 만일 상품이 나쁘면 소문도 당장 나빠진다. 모든 판매는 동시에 일어나는 것이므로 일종의 광고이기도 하다. 때문에 눈앞의 이익에 눈이 멀어 부당한 짓을 하면 가게가 곧 쇠퇴한다."

눈앞의 이익만을 챙기는 것은 고객을 속이는 것이며 나쁜 것이라고 중국의 '둔적'은 가르치고 있다.

2) 목표를 세워 전진한다

돈이 있고, 물건이 있고, 사람이 있다. 이렇게 조건이 다 갖춰졌다고 해서 반드시 성공이 이뤄지는 것은 아니다.

'목표'가 있어야 하고 그 목표를 달성하려는 '달성 방법'이 있어야 일이 된다.

우선 다음 세 가지를 파악하고 있어야 한다.

① 무엇이 일어났는가.
② 무엇이 일어나고 있는가.
③ 무엇이 일어나려 하고 있는가.

시제로 보면 이 세 가지는 각기 과거·현재·미래의 의미를 가지고 있다.

목표와 목표 달성을 성립하려면 이 세 가지를 종합해야 한다.

정해졌다면 목표를 향한 질주는 하나의 신앙으로 자리잡아야 한다. 주저앉거나 물러서는 일이 있어서는 안 된다.

그러나 세상사는 질주하는 대로 따라와 주는 것은 아니다. 사정의 변경 사항이 발생할 수 있다. 이것을 가리켜 '사정 변경의 원칙'을 내세워 목표 수정을 할 수 있다.

이래서 '리더십'과 '목표 성취'와의 관계에는 어려움이 있을 수밖에 없다.

3) 시간도 저축해 쓰자

만일 시간이라는 것을 저축했다가 찾아서 쓰는 것이라고 하면 함부로 시간을 낭비하지 않을지 모른다.

현대는 시간 관리를 어떻게 하느냐에 따라 성패가 달라지기도 한다.

우선 현대는 여유가 있는 시대는 아니다. 같은 시간을 사용하면서 어떤 사람은 훌륭하게 해낸다.

따라서 바빠서 못한다 라는 말은 핑계다.

"가장 바쁜 사람에게 일을 맡겨라."

이런 말이 있다. 바쁘게 일을 하는 사람이 일을 더 잘한다는 말이다. 시간이 없어서 못할 것 같은데 더 잘한다. 바쁜 가운데에서도 일을 처리할 줄 아는 것이 능력이다.

이를테면 하루 24시간 중에서 2시간을 저축한다. 1년이면 730시간이 된다. 이 730시간이 저축된다. 이 시간은 남보다 더 쓸 수 있는 시간이다.

그러면 어떻게 하면 남보다 더 시간을 쓸 수 있는지 그 방법은 다음과 같다.

    ① 수면 시간을 줄인다.
    ② 동시에 두 가지를 한다. 이를테면 밥 먹는 동안에 텔레
      비전 시청하기 등.
    ③ 시간 안배를 위해서 계속해서 노력한다.

4) 메모하는 습관

독일의 대포왕으로 알려져 있는 크르프(1812~1887)는 무기 제
조업자다. 그는 주문을 받기 위해 온 유럽을 세일즈하며 돌아다
녔다.

물건을 만들기만 해서도 안 된다. 적극적으로 팔러 다녀야 한다.
이 크르프의 상업 의지는 두 가지의 결합이었다.

    ① 좋은 물건을 만드는 것
    ② 좋은 물건을 파는 것

이 두 가지를 병용해야 번영한다는 것을 알았고, 이것을 실천
한 의지의 사람이다.

크르프의 25세 때의 모습을 보면 그는 메모광이나 마찬가지
였다.

생각이 떠올랐다 하면 어디든지 가리지 않고 메모했다. 어떤

때는 1시간 동안에 20번이나 멈춰 메모를 한 기록도 있다.

잠자는 머리맡에도 메모지를 두었고, 자다가 깨어나 메모를 하기도 했다. 그가 초인적인 일을 할 수 있었던 것도 이 메모 덕택이었다.

메모를 하는 것은 좋은 지혜를 얻기 위함이다.

단순한 메모가 위대한 발명을 가져온 예도 많다.

2천 년 전 중국의 역사학자 사마천(B.C. 145~86)이 지은 《사기(史記)》에 보면 이런 말이 있다.

"가난해지거나 부유해지는 것은 누가 빼앗거나 주거나 해서 되는 게 아니다. 지혜가 많으면 탁월한 여유가 생기고, 어리석은 자는 자연히 부족해지기 때문이다."

지혜란 타고날 때 가지고 나오는 것이 아니다. 노력을 거듭해서 얻어지는 것이 지혜다.

아무리 사소한 것이라도 메모해 두면 그런 데서 지혜가 생겨난다. 티끌 모아 태산이 된 지혜를 말한다.

5) 순서가 중요하다

어떤 사람이 가장 고독한 사람일까?

황제나 대통령, 수상이 이런 부류에 속하는 사람이라고 단언해도 좋다. 하지만 일반 사람들과는 너무도 동떨어져 있는 사람이라 실감이 나지 않는 것도 사실이다. 고독한 존재일 것이라고 상상하는 것뿐이다.

우리 주변에서 보면 회사의 경영자, 또 최고 책임자는 회사 규모나 조직에 관계 없이 고독한 존재다. 피라미드 형태의 맨 정점에 있는 사람은 고독할 수밖에 없다.

그런 사람은 '세로 형태로 사람의 관계'가 이뤄져 있기 때문이다. 즉, '가로로 나란히 선 사람'이 없다는 점이다. 이렇듯 톱(Top)에 선 사람은 가로로서의 인간관계에 신경을 쓰며 다음과 같은 사항에 중점을 둔다.

① 목표를 세운다.
② 선택하고 결정한다.
③ 선견성(先見性)을 소중하게 여긴다.

사장이 경리부장을 따돌리고 경리부 계원과 하찮은 숫자나 계산하고 있다면 경리부장의 속마음은 "맘대로 하시지" 이렇게 되고 만다.

만일 경리사원이 과장이나 부장을 따돌리고 직접 사장실을 드나들면 회사 내부는 질서가 무너져 버린다.

조직과 일에는 순서가 중요하다.

말하자면 상·중·하의 3단계가 있는 것이다. 위가 있고 중간이 있으며, 아래가 있어서 이러한 구조의 질서가 유기적 연계를 이루면 목표를 향해서 성취되어야 한다.

톱이 하는 일은 바로 이 점이다.

2장
고정관념을 버려라

1

반드시 돈버는
12계명

"이익을 추구하는 것은 상인의 본분이다"라고 여러 차례 강조되었다. 오사카 상인들이 이익을 추구할 때에 나름대로 지켰던 덕목이 있었는데, 그것은 다음과 같다.

① 장사를 하더라도 욕심을 부리지 않는다.
② 부귀하더라도 우쭐대지 않는다.
③ 베풀더라도 공치사하지 않는다.
④ 잘되더라도 방심하지 않는다.
⑤ 어리석더라도 비방하지 않는다.
⑥ 보기 딱해도 비웃지 않는다.
⑦ 가난하더라도 깔보지 않는다.
⑧ 지혜가 있더라도 자만하지 않는다.
⑨ 분별이 있더라도 나서지 않는다.
⑩ 재주가 많더라도 오만하지 않는다.
⑪ 한가하더라도 놀러다니지 않는다.
⑫ 재물이 있더라도 호사하지 않는다.

물론 지금과는 시대적 차이가 있던 시절에 그들이 남겼던 덕목들이지만 자세히 들여다보면 지금도 반드시 필요한 내용이다.

이 12가지 항목에서 금방 느낄 수 있는 것은 철저한 억제 의식이 엿보인다. 인내를 바탕으로 해서 자기를 다스리는 정신으로 가득 차 있음을 알 수 있다.

그 다음으로 이 덕목들은 '나' 중심이 아니라 '상대방' 중심으로 표현되어 있는 것을 알 수 있다. 이것은 다시 말해서 인간 중심, 즉 고객 중심을 뜻하는 것이며, 거래관계에 초점을 맞추고 있는 것이다.

만일 '나'가 중심이 된다면 욕심을 부리며, 우쭐대며, 공치사하며, 방심하며, 비방하며, 비웃으며, 깔보며, 자만하며, 나서며, 오만하며, 놀러다니며, 호사하게 되는 것이다.

고문서에는 다음과 같은 말도 있다.

"상인이 이익을 포기하는 대신 명성을 추구한다면 재산을 날리기 마련이다. 명성을 포기하고 이익을 추구한다면 몸을 망치게 된다. 명리를 올바르게 추구하는 자를 가리켜 도(道)를 아는 사람이라고 한다."

상인의 목표는 명백하게 이익에 있음이 분명하게 나타나 있다. 그것이 상인의 본분이라는 것이다. 그러므로 상인이 되려면 철저하게 고객 위주의 장사를 해야 한다는 것이다. 그렇다고 모든 이익을 포기하고 고객 본위의 자선을 하라는 말은 결코 아니지 않는가.

돈을 벌고 싶어하는 것은 상인의 본심이다. 그리고 본능이기도 하다. 이 사실을 잊어버린다면 더이상 상인이라 할 수 없다.

그런데 일반적으로 일본에서 존중하는 '의(義)'의 개념이 종종 상행위에 접목되는 경우가 있다.

어느 백화점이 프랑스 파리에 진출해서 개업식을 하면서 대표자는 이런 인사말을 했다.

"우리 백화점은 무엇보다도 의(義)를 중요시합니다. 이익은 그 다음입니다."

프랑스인들이 듣고는 고개를 갸우뚱했다. 좋은 물건을 값싸게 판다고 한다면 모를 일이지만, 이익은 그 다음이라는 말에 이해되지 않았던 모양이다.

물론 이것은 동서양의 생각의 차이이기는 하지만, 의를 앞세우는 게 고객을 위해서라면 손님이 깊은 인상을 받을 수도 있다. 그러나 이익이 없는 의를 앞세운다면 장사가 오래갈 수도 없다. 프랑스인들이 이 말의 참뜻을 이해하지 못한 넌센스이기는 하다.

여기서 의리나 인정이라는 것은 논리를 초월하는 호소력을 가지고 있다. 의리와 인정에는 상식을 뛰어넘는 힘이 있다. 어떤 면에서 사람의 마음에 강한 호소력을 불러일으키는 것이 바로 이 의리나 인정일 수 있다. 논리의 규범을 넘어 인식되는 것이 바로 사람의 마음이니까 말이다.

그런 면에서 고객 위주라는 것은 바로 이런 것과 맥이 닿는 정신이라 할 수 있다.

도쿠가와 말기는 난세였다. 오사카 상인은 이런 난세에 경고한 말이 있다.

"의(義)는 인간의 기본, 이(利)는 상인의 기본이다."

어버이가 자식에게 이익의 증식만을 가르친다면 어떻게 되겠는가. 의(義)를 따르는 사람을, 세상을 알지 못하는 바보라는 손가락질로 취급한다면 어떻게 되겠는가.

이익 증식만 노리고, 의고 뭐고 다 팽개치는 사람은 결국에는 이익을 얻지 못할 뿐만 아니라 도리어 손해가 닥친다고 했다.

오사카 상인이 경고한 저 말은 일본의 상업사에 버젓이 기록되어 있다.

결론 삼아 다시 정리해 보면, 상인의 기본 목표는 정당하게 돈을 버는 것이다. 이것을 위한 행동 기준은 철저하게 고객 본위여야 한다는 사실이다.

즉, 기본 목표와 행동 기준을 잘 분별할 줄 알아야 고객 본위의 장사를 할 수 있다.

돈벌기 요점

이익의 추구를 바탕으로 하는 경우와 정당한 노력의 대가를 바탕으로 하는 경우, 이익 추구의 정당성은 각기 달라진다.

장사에서 욕심을 부리지 않아야 하는 것은 욕심의 어딘가에는 함정이 있다는 것이다. 이 함정에 빠지는 순간 곤두박질치게 된다. 자기 중심적인 사람과 타인 중심적인 사람은 인생관과 가치관이 다를 수밖에 없다.

성공하는 인생의 방법은 타인 중심적인 삶을 살았을 때 가능해지는 것이다. 잘 되면 오만해지고, 돈 좀 있다고 사람을 멸시하고, 자기가 잘나서 성공한 줄 알고, 허영에 들떠 쾌락에 빠지고 사리사욕의 사치에 빠지는 것을 예전부터 경계했던 것은 이것이 사람으로서의 진정한 길이 아니기 때문이다.

사람으로서 걸어가야 할 길은 자기 중심을 억제한 타인 중심에서 시작되어야 한다. 그것이 자기를 번영케 한다. 타인을 기쁘게 하면 그에 따르는 이익을 얻을 수 있다는 것이 황금률의 법칙이다.

2

승부의
분기점을 알라

생각 나름이지만, 장해라는 것은 꼭 필요한 것일 수도 있다. 장사에 있어서 승부의 분기점이 바로 이 장해에서 비롯될 때가 많기 때문이다.

물론 사람들은 장해를 싫어한다. 왜 재수 없이 나에게는 이따위가 걸려들어 힘들게 하는가 하고 투덜대기 마련이다. 하지만 상인정신이 투철한 사람이라면 장해가 오히려 신나는 일이 아닐 수 없다.

이러한 장해를 묵묵히 받아들여 성공한 어느 상인의 다음 일화가 이 사실을 증명해 준다.

장터라는 곳은 물건이 모이고 사람들이 모여드는 곳이기에 물건을 내놓으면 팔리는 곳이다.

하지만 높은 고개를 넘어야 갈 수 있는 장터가 있다고 해보자. 예전에야 대개 고개를 넘어 다른 지역으로 가는 일이 흔한 일이었다. 하지만 고개를 넘어 장터까지 물건을 가져간다는 것은 보통 일이 아니었을 것이다. 교통 수단이 발달하지 않던 시절이라 짐을 등에 지거나 아니면 수레를 끌어야 했다.

높은 고개는 우마차나 손수레로도 힘든다. 땀을 흠뻑 쏟는 고생을 해야 겨우 고개를 넘을 수 있었다.

이러한 고생스러운 장해를 오히려 고마워한 상인은 기쁜 얼굴로 고개를 넘어갔다. 다른 상인들은 이 상인에게 손가락질했지만 말이다.

기쁜 얼굴의 상인은 이렇게 생각했다.

"물론 고개를 넘는 일은 고달프고 힘겨운 일이야. 하지만 고개를 넘는 상인은 많지 않아. 상인이 적기 때문에 그만큼 많이 잘 팔 수 있어. 만일 고개가 없었더라면 어떻게 되었을까? 상인들이 너도나도 몰려들었을 거야. 그러면 장터에 물건을 흔하게 펼쳐 놓을 테니 생각만큼 팔리지 않을 거야."

이 상인은 결론을 내렸다.

"지금 내가 장사가 잘되고 있는 것은 이 고개 덕분이야."

땀에 뒤범벅이 되어 넘는 고개지만 이 상인에게는 더이상 울며 넘는 고개가 아니었다. 고맙기도 하고 즐겁기도 한 고개였다. 이 험한 고개야말로 희망을 주는 고개라고 생각했기 때문이다.

고개를 넘는 일은 고생스럽고 괴로운 것은 틀림없다. 하지만 땀 흘린 만큼 이익이 있다는 것을 이 상인은 맛본 것이다.

이렇게 되면 고개라는 역경이 상인을 깨우쳐 준 것이다. 기쁘게 고생을 하면 돈을 벌 수 있다는 경험을 한 것이다.

이 상인은 인생에 대해서도 깨우쳤다.

"고생이라는 것도 신에게 받은 혜택의 하나라고 생각해야 하는 거야."

이런 밝은 인생관이 생겨났다. 이 상인은 살아가는 동안에 아무리 힘든 일이 생겨도 얼굴을 찌푸릴 이유가 없다는 자신감이 붙었다.

그 후 이 상인에게는 파급 효과라는 것도 따라붙었다.

항상 웃는 얼굴의 이 상인한테서 물건을 산다는 것은 사는 사람도 즐거운 일이다. 사는 사람 쪽에서도 파는 사람의 표정이 환하게 웃는 상인한테서 사는 편이 더 기분 좋은 것은 인지상정이 아닌가.

이 상인의 표정에는 고객에 대한 감사한 마음이 가득 담겨 있었다. 그래서 언제나 진심어린 감사의 말을 잊지 않았다.

"찾아주셔서 고맙습니다."

손님은 진정으로 하는 인사인지, 건성의 인사치레인지 금방 알아챈다.

손님의 마음에 감동을 준 이 상인은 더욱 장사가 잘될 수밖에 없다. 파급 효과가 생겨나 남들보다 더 장사가 잘 되는 것이다.

사람들은 잘 안 되면 돈타령을 하거나 누구 탓, 무슨 탓을 한다.

고개를 싫어하는 상인은 투덜거리는 게 일이다.

"왜 고개가 이렇게도 높냐!"

잔뜩 얼굴을 일그러뜨리며 계속 불만이다.

"이놈의 고개가 없다면 얼마나 좋겠어! 빌어먹은 이놈의 고개야!"

하고 탓해 보지만 고개가 평지가 될 리도 없다. 계속해서 심보만 뒤틀리는 것이다.

결국은 불만에 찬 상인은 장터에 가기조차 싫어지게 되고, 급기야 입에서 이런 푸념이 튀어나온다.

"이렇게 고개를 넘는 고생까지 하면서 돈 벌 것은 없어. 편한 길을 찾아보자."

한번 그만두게 되자 다음번에도 가지 않게 된다. 이따금 나가봐야 장사도 잘 되지 않았다. 그러니 더욱 장터에 나가는 게 싫어졌다.

상인에게는 단골이 중요하다. 장터에 가는 날이 적어진다는 것은 그만큼 단골 손님도 줄어든다는 것이다. 그나마 있던 손님들도 다른 상인에게서 물건을 사가게 된 것이다.

단골을 잃은 상인은 장터에 나갈 의욕이 생길 리가 없다. 나가봐야 팔리지도 않고, 이윽고 상인으로서의 감각조차 잃게 된다.

상인은 어떤 물건이 잘 팔릴 것인지 직감으로 알아채는 감각 능력을 갖추고 있어야 한다. 이 감각을 잃는다면 끝장이나 마찬가지다. 다시 말해 상인이 상인 구실을 할 수 없는 것이다.

고개를 고생과 역경으로만 여긴 불만에 찬 상인은 마침내는 장터에 나가지 못한다. 의욕도 잃고 장사할 돈마저 점점 빠져나가고 말 것이다.

이 이야기를 두 가지 점에서 정리해 보자.

하나는, 어느 곳에 가야 장사가 잘 되느냐 하는 문제이다. 고개라는 장해를 넘어간 곳에 있는 장터에서 잘 된다는 것이다.

또 하나는, 장해에 대한 인식의 전환이라는 문제이다. 장해를 어떻게 받아들이느냐는 자세를 말한다.

여기서 장사에서의 승부의 분기점은 상징적으로 '고개'라는 말로 압축할 수 있다.

고개라는 장해 때문에 물건이 잘 팔린다는 사실에서 우리는 장사란 어떤 것인가를 짐작해 볼 수 있다. 어떻게 해야 돈을 잘 벌 수 있는지 알게 하는 단적인 예이다.

장사에는 어느 때 어느 곳에서나 장해가 생긴다.

돈 잘 버는 상인이 되는 첫걸음은 장해에 부딪쳤을 때 어떻게 생각하고 처신할 것인가를 배우는 일이다.

돈벌기 요점

돈을 버는 사람과 벌지 못하는 사람도 따지고 보면 간발의 차이에서 갈림길이 정해진다. 그 갈림길을 정해 주는 것이 무엇이냐는 것에 대해서는 얼마든지 단적으로 말할 수 있다. 그것은 바로 마음의 문제이다. 힘든 것을 힘들다고 여기지 않고, 고생을 고생으로 여기지 않는 마음이다.

이런 마음을 갖는 순간부터 그 얼굴에는 미소가 꽃처럼 피어나고, 웃는 얼굴에는 사람들이 모여드는 것이다.

사업을 하고 장사를 하고 공장을 돌린다는 것은 힘든 일이며 고생스러운 것이다. 기왕에 그렇다면 차라리 힘들다고 여기지 않고 고생으로 여기지 않는다면 일을 더욱 잘 할 수 있을 것이다.

세상의 일이란 어느 하나 순조로운 것은 없다. 역경과 위기를 이겨 나가야만이 비로소 목적을 이룰 수 있다. 이것은 하나의 진리이다.

3

손톱과 새끼줄의
차이를 알라

"손톱은 길어지지만, 새끼줄은 결코 길어지지 않는다."

오사카 상인이 자주 쓰는 말이다. 절약 정신에 대해서 이런 비유의 말로 사람을 가르친다. 그런 다음 이렇게 덧붙인다.

"이 새끼줄을 잘라 버린다면 그만큼 허비되는 것이다. 평생 동안이라는 기간을 생각해 본다면 결코 이건 작은 허비가 아니다. 그러니까 새끼줄을 자르지 말고 네 이빨로 풀도록 해라. 다시 이어 쓴다면 그만큼 쓸모가 있게 된다. 이런 새끼줄이 한평생 모아진다면 대단하지 않겠는가."

지금이야 짐을 꾸리고 포장하는 방법이 많이 변했다. 하지만 예전에는 새끼줄과 가마니를 썼다. 짐을 풀 때도 새끼줄을 칼로 자르는 것을 금했다. 절약하기 위해 묶은 매듭을 풀어서 다시 쓰도록 했던 것이다. 절약 정신의 한 모습인데, 특히 오사카 상인들은 이런 점에 철저했다.

단지 새끼줄만이 아니었다. 상품을 포장하거나 멀리 보낼 때에도 바깥쪽은 새 가마니로 두르지만, 속에는 다른 데서 온 짐에서 푼 가마니나 새끼로 포장을 했다. 한 번 사용한 가마니나 새끼줄을 그대로 버리지 않고 잘 간수해 두었다가 재활용해 쓰는 것이다. 이것은 오사카 상인의 기본 상식이었다.

이런 것은 인색하거나 욕심 때문이 아니다. 오사카 상인은 자기 가게에 점원으로 온 사람을 특별한 인연으로 생각했다. 그래서 상인 정신의 교육을 마치 자기 친자식 가르치듯 했다.

'세 살 버릇 여든 간다'는 속담이 상인 정신에서는 유독 강하게 작용한다. 이렇게 어려서 몸에 밴 좋은 상인 정신은 평생 그 덕을 보게 되는 것이다.

상인은 작은 것에 소중한 마음을 가져야 한다. 특히 몇 푼도 안 되는 물건을 사가는 손님에 대해서는 더욱 소중한 자세를 갖도록 했다.

다음과 같은 이야기가 있다.

하루는 밤늦게 손님이 초를 사러 왔다. 몇 푼도 안 되는 것이기에 점원은 귀찮은 마음에서 잠든 척 응대를 하지 않았다.

마침 안방에서 주인이 이를 지켜보고 있다가 당장에는 아무 말도 하지 않고 있다가 다음날 아침 점원을 불러 말을 건넸다.

"괭이를 가져와서 여기 이 땅을 파보거라."

점원은 어리둥절했지만 주인이 하라는 대로 했다.

"어디 거기서 돈이 나오는지 파보라니까."

주인은 거듭 다그쳤다. 점원은 땀을 흘리며 더 파들어갔지만 돈이 나올 리 없었다.

"돈이 한 푼도 나오지 않습니다."

점원이 씩씩거리며 말하자, 그제서야 주인이 타일렀다.

"간밤에 네가 초 한 자루 사러 온 손님을 하찮게 여기고 그냥 돌려보냈다. 지금 네가 땅을 파고서도 어떻게 한 푼도 나오지 않는다는 말을 할 수 있느냐? 그렇게 해서는 훌륭한 상인이 될 수 없다. 내 말 알아듣겠느냐?"

점원은 크게 깨우쳤다. 이 점원 또한 훗날 자기 가게를 차리고 훌륭하게 장사를 해갔다. 그리고 똑같은 방법으로 점원에게 상인 정신을 가르쳤다.

돈벌기 요점

　사람은 돈 앞에서 약해진다고 한다. 큰 액수의 물건을 팔아서 이익이 더 많이 난다면 이런 손님을 우대하는 게 인지상정이다. 하지만 작은 것에 감사와 애정을 갖지 않으면 점차 사람들은 멀어져 가는 게 또한 세상 인심이기도 하다.

　장사를 해서 큰돈을 번 사람의 그 초창기를 보면 몇 푼 안되는 금액의 손님을 극진히 여기며, 결코 소홀히 하지 않았다. 이러한 따뜻한 마음이 사람들을 불러모아 장사를 번영케 하는 것이다.

　하지만 돈을 벌었다고 어느 날부터 그런 손님을 홀대하기 시작하면서 그 번창하던 사업이 무너져내리는 것도 우리 주변에서 얼마든지 볼 수 있다.

　작은 것이 모여 큰 것을 이룬다는 말이 있다. 작은 것을 소중히 여기고 그 소중히 여기는 마음을 끝까지 지켜나가야 한다.

4

고객은
언제나 있다

상인에게는 상인 근성이 있어야 한다. 상인이라면 철저하게 상인티가 나야 한다는 뜻이다.

상인 앞에는 언제나 고객이 있어야 한다. 이렇게 되려면 고객에 대한 애정을 잃지 말아야 한다. 상인 근성이니 상인티니 하는 말은 바로 고객에 대한 애정을 의미하는 것이다.

오사카 상인들이 결코 잊지 않는 말이 있다.

'상인 앞에는 언제나 고객이 있다. 고객에 대한 애정을 잃지 않으면 반드시 성공한다.'

에도 시대에는 무사가 칼을 뽑아 휘두른다 해서 흉보는 일은 없었다. 그 시대로서는 무사의 그러한 행동이 당연시되던 때이기 때문이다.

그러나 상인은 달랐다. 사농공상(土農工商)의 맨 마지막 계층이었다. 벌레만도 못한 취급을 받았을지도 모른다. 이런 속에서 살아남기 위해서는 그들만은 근성이 있어야 했고, 그러한 장사꾼 정신으로 살아남을 수 있었다.

바로 고객에 대한 애정의 정신이었다. 고객을 애정의 눈으로 보면 '고객에 대한 분석'도 얼마든지 할 수 있다. 고객의 취향을 정확하게 알아내는 것은 상품을 구입하는 일에 앞서 갈 수 있는 것이다.

　지금이나 예전이나 물건을 사는 고객은 여성이 많다. 오사카 상인도 당연히 여자 고객에 대한 예리한 관심을 언제나 갖고 있었다.

　미국에서 여성 고객을 4가지 유형으로 나눈 다음과 같은 자료가 있다.

　　① 바겐세일 때만 물건은 사는 여자 — 절약에 신경 쓴다.
　　② 시즌이 지나야 사는 여자 — 유행을 따르지만 관심만 둔다
　　③ 돈지갑에 모든 것을 맞추는 여자 — 돈과 스타일에 신경 쓴다.
　　④ 값 따위는 문제삼지 않고 사는 여자 — 새로운 것이라면 무엇이든 좋아한다.

　물론 다른 분류도 얼마든지 있을 수 있다. 그러나 상인의 안목은 고객에 대한 취향 분석이 빠르면 빠를수록 좋다. 고객의 기분, 취향에 맞춘 발빠른 상인의 자세가 곧 상인 근성인 것이다.

　뿐만 아니라 상품을 팔고 있는 상인 자신도 분류해 볼 줄 알아야 한다. 상인으로서 경영을 어떻게 할 것인가는 바로

자신의 문제이기 때문이다. 다시 말해서 '장사의 방침'이라 할 수 있다. 방침을 세울 때는 장사의 앞을 내다보는 눈을 가져야 한다.

"지피지기(知彼知己)면 백전백승(百戰百勝)"이라는 말이 장 사에도 활용할 수 있다. 고객을 알고 상인 자신을 알아야 한다는 말이다. 그러나 단순히 아는 일이 아니라 '애정의 눈'으로 살펴야 한다.

돈벌기 요점

　남자는 노동을 해서 먹을 것을 마련하고, 여자는 아이를 낳고 기르는 것이 전통적인 남녀 역할이었다. 남자는 처자식을 보살피고, 그들의 가장으로서의 권위를 가져야 했던 것은 이러한 역할 때문이었다.

　현대에서는 이러한 역할이 점점 무너지면서 남자의 역할을 여자가 할 수 있게 되어 가고 있다. 그럼에도 예전이나 지금이나 고객의 주대상은 남자보다도 여자이고, 여자의 환심을 사기 위해서 갖가지 상술이 발달하고 있다.

　상인의 앞에는 언제나 고객이 있다는 신념은 고객에 대한 애정으로 이어졌을 때 반드시 성공한다는 사실이다. 고객 감동이라는 것은 고객에 대한 애정을 바탕으로 하고 있고, 상인이 고객에 대한 애정을 갖는 한 성공하지 않을 수 없다.

　그럼에도 고객에 대한 애정보다는 돈의 이득에만 눈이 어두울 때가 많음을 경계해야 한다.

5

머리를 써라

성공을 거둔 상인의 지나온 발자취를 보면 우리가 배울 것이 많다. 마구잡이로 장사를 한 것이 아니라 합리적인 원리를 정해 놓고 분명한 원칙에 따라 장사를 했음을 알 수 있다. 거기에 행운이 곁들여 주는 것이다.

하지만 이 행운이라는 것도 그냥 주어지는 것은 아니다. 머리회전을 부지런히 하면서 그에 따른 창의력을 발휘하고, 그러면서 결과가 행운으로 이어지는 것이다.

에도에서 이름을 떨쳤던 상인으로 시호라 오스케(1743~1806)라는 사람이 있다. 그는 숯 장사로 성공하였는데, 오사카 상인의 전형적인 표본이기도 하다.

그가 태어난 때는, 도쿠가와 이에야스가 바쿠후의 자금으로 저축한 194만 냥이 바닥이 나는 바람에 검약령이 시행되던 무렵이었다.

농부의 아들로 일찍이 부모를 여읜 오스케는 19세에 에도로 나와 연료 도매상인 야마구치 상점에서 일을 했다. 이 상점은 신탄(薪炭) 도매상으로 물류창고도 갖추고 있었다.

1757년 야마구치 상점에서 일한 지 3년째 되는 해였다.

그 해 6월 16일은 간다 메이진의 축제일이었다. 에도 사람들이 축제를 즐기느라 온통 법석이었다.

그런데도 오스케는 창고에서 열심히 짚신을 삼고 있었다. 주인이 오스케에게 권했다.

"축제일인데 구경이라도 나가렴. 36대의 꽃수레가 길을 누빌 텐데 볼 만할 게다."

"말씀은 고맙습니다만, 축제 구경을 한다고 뭐 뾰족한 수가 있을 것 같지 않습니다. 그럴 바에 차라리 짚신 한 켤레라도 삼는 게 더 좋겠어요."

얼마 지나지 않아 갑자기 먹구름이 몰려들면서 빗방울이 떨어졌고 바람까지 불었다. 이윽고 번개까지 치더니 소나기가 쏟아졌다.

무슨 생각을 했는지 오스케는 벌떡 자리에서 일어났다. 짚신 삼던 손을 털고는 멜대를 찾아 어깨에 메고 밖으로 달려나갔다.

"비가 쏟아지는데 어딜 그렇게 서둘러 가느냐? 더구나 멜대는 어디에 쓰려고 그러느냐?"

"잠시 다녀오겠습니다."

그렇게만 대답하고 사라져 버리는 오스케를 보고 주인은 혀를 찼다. 날씨가 좋을 때에는 창고에 틀어박혔다가 소나기라도 구경 가는 줄 알았다.

얼마 후 오스케가 돌아왔다. 그는 어깨에 짐을 메고 왔다. 축제에 썼던 꽃패랭이, 헌 다비(일본 버선), 나막신, 조리(일본

짚신), 손수건, 허리띠 따위를 가득 가져온 것이었다.

"주인님, 에도라는 곳은 돈 벌기에 좋은 곳이군요. 돈을 주고 산 것인데도 비가 온다고 그냥 버리고 가니 말입니다. 마음의 여유가 있어서 그럴 테지요. 아까운 생각이 들어 모아 가지고 왔습니다. 축제 구경을 가면 돈벌이가 되는 곳이 바로 에도라는 생각을 했습니다."

오스케의 생각은 이렇게 달랐다. 에도 사람이 축제일은 '돈을 쓰는 날'로 여기지만, 그는 '돈을 버는 날'로 생각했던 것이다.

그는 꽃패랭이에 달려 있는 조화(造花)는 따로 모아 팔았고, 조리나 나막신은 깨끗이 씻어 말려 가게에 팔았다. 그리고 다시 쓸 수 없게 된 조리는 잘게 썰어서 미장이용 여물을 만들어 팔았다.

이런 식으로 그는 남들이 생각하지 못하는 부분에 착안해서 돈을 벌었다. 번 돈도 쓰지 않고 주인에게 맡겨서 불릴 수 있게 했다.

32세에 그는 드디어 독립했다. 야마구치 상점에서 12년간을 일하고 자기만의 가게를 차린 것이다. 그동안 모은 돈으로 자본금을 삼아 에도의 아이오이초 강 근처에다 신탄 상점을 차렸다. 물건 구입에는 옛 주인이 편의를 봐주었다.

그는 이때부터 상식을 깨는 장사를 했다.

당시에는 숯을 파는 단위가 컸다. 가난한 사람이 한꺼번에 한 섬이나 사기는 쉽지 않았다. 오스케는 재빨리 숯을 소량으로 팔았다. 이 소문은 금방 퍼져나갔다.

가난한 사람들은 소량으로 숯을 사게 되어 나머지로 다른 물건을 살 수 있게 되었다. 같은 돈으로도 여유를 갖게 되자 오스케의 가게는 늘 손님들로 북적거렸다.

오스케가 생각한 것은 무엇보다 손님을 배려하는 생각을 먼저 한 것이다. 장사란 고객을 만족시켜 주어야 한다는 것을 터득한 것이다.

같은 마을에 술 도매상을 하는 다케시타 규하치가 오스케를 눈여겨보다가 사위로 삼았다. 처지로 보면 신분의 차이가 컸음에도 다케시타가 그런 것을 무시한 것은 오스케의 미래를 보았던 것이다.

다케시타의 안목은 정확했다. 시호하라 오스케는 날로 번창해서 장인에 비해 손색이 없을 정도였다. 나중에는 금융업에도 손을 대 당시의 관청의 재정에도 관여한 것으로 알려졌다.

큰돈을 번 재산가였지만 그는 늘 검소했다. 무명옷만 입었으며, 사치난 낭비는 아예 가까이하지 않았다. 그렇다고 인색했던 것은 아니다. 이런 점이 다른 상인과는 달랐다.

그는 어려운 사람들에게 아낌없이 돈을 내놓았다. 마을의 공익 사업만이 아니라 공공의 복지를 위한 일에도 재산의 일부를 내놓았다. 이런 점에서 그는 오사카 상인으로 규범적 인물이라 해도 좋을 것이다.

이와 유사한 인물로는 마쓰시다 고노스케가 있다. '장사의 귀신'이라는 말을 듣는 사람으로 뛰어난 장사꾼이었다.

마쓰시다는 어려서부터 상인 기질을 보였다. 어려서 집안 형편이 기울자 초등학교도 졸업하지 못하고 남의 집 점원으로 들어갔다. 열 살 남짓한 나이였다.

가게 손님들 중에서는 그에게 잔심부름을 시키는 사람이 많았다. 특히 담배를 사오라는 부탁이 많아 가뜩이나 더욱 바빴다. 몸도 고되고 시간도 부족해 이런저런 궁리를 했다.

꼬마 마쓰시다는 담배를 미리 사다놓기로 했다. 많이 사면 조금이라도 싸게 살 수 있을 것이고 매번 담배 사러 다녀오지 않아도 되어 일거양득이라 생각했다. 그리고 손님은 기다리지 않고 곧 담배를 피울 수 있는 이점도 있었다.

마쓰시다의 이런 재치에 손님들은 재미있는 꼬마라고 칭찬했다. 어떤 손님은 그에게 팁을 주기도 했다. 이렇게 해서 그는 조금씩 푼돈을 모을 수 있었고, 전처럼 시간에 쫓기지 않아도 되었다.

어린 마쓰시다의 이러한 착안에는 장사의 기본이 들어 있었던 것이다. '장사라는 것은 손님을 기쁘게 해주는 것이다'라는 것이다. 그리고 파는 쪽에서는 돈과 시간을 벌 수 있어야 한다는 것이다. 이것이 진짜 장사이다.

파나소닉, 내쇼날 등의 기업 창업자가 된 마쓰시다 고노스케는 어려서 시작한 점원 생활을 통해서 일찍이 상인 정신을 길렀던 것이다. 물론 그에게는 타고난 상인 기질이 남달랐던 것도 간과해서는 안 될 것이다.

돈벌기 요점

남들이 놀 때 일하고, 남들이 귀찮아 하는 것을 개의치 않는 사람이라면 큰 재물이 따라붙게 마련이다. 남들이 놀 때 덩달아 놀고, 남들의 귀찮아 하는 것을 자신도 귀찮아 하는 한 경쟁에서 뒤질 수밖에 없다.

모든 성공자의 길을 보면 남이 놀 때 일하며 하나라도 배웠고, 남들이 마다하는 것에 뛰어들어 열정을 태웠다.

앞에서 든 두 사람의 예화를 보아도 남들보다 하나를 더 하려는 마음의 자세, 남들이 할 수 없는 것을 먼저 해내려는 것이야말로 성공의 지름길이라고 할 수 있다.

오늘날처럼 상식을 깨는 기발한 발상이 날로 첨예화되는 시대에 뒤지지 않으려면 평범을 따라서는 안 된다는 것이다. 생각을 조금만 달리해도 새로운 상품을 개발할 수 있고, 고객의 환심을 살 수 있다.

결국 성공하는 사람과 그렇지 못한 사람의 차이는 종이 한 장 차이가 아니겠는가.

누가 더 먼저 현실을 뛰어넘는 앞선 생각을 할 수 있느냐에 돈벌이의 승패가 달려 있는 것이다.

6

만족감을
안겨주어라

상인 가운데 어느 날 갑자기 크게 돈을 버는 사람이 있다. 또 그렇게 번 돈이 순식간에 사라져 버리기도 한다. 장사의 세계에서는 이런 일이 허다하다.

그런가 하면 갑자기 붐을 타며 팔려나가는 상품이 있다가, 얼마 지나지 않아 잊혀져 버리는 것들도 많다. 그런 가운데 꾸준하게 팔리는 상품은 달라도 어딘가 다르다.

또 상인으로서 오랜 기간 꾸준하게 장사를 꾸려가는 사람도 있다.

이렇게 꾸준한 장사가 이뤄지는 경우를 보면 거기에는 고객에 대한 친절한 마음과 상품에 대한 애정이 깃들여 있음을 알 수 있다.

다음에 소개하는 에피소드는 고객의 심리를 따뜻한 마음으로 활용한 상인의 이야기이다.

에도 시대에 니혼바시라는 곳은 오늘날의 도쿄 역이나 하네다 공항쯤에 해당한다.

먼 거리든 짧은 거리든 여행이란 어딘가에 위험이 도사려 있기 마련이다. 교통이 발달하기 전에는 험준한 산과 깊은 강을 건너야 했다. 길도 오늘날처럼 아스팔트가 깔려 있던 것도 아니었다.

다소의 차이가 있지만 여행객은 은연중 불안과 염려가 되기 마련이다. 여행객의 이러한 심리를 간파한 이 상인은 그에 걸맞은 상품을 개발하였다.

니혼바시는 오가는 사람들로 북적거리는 곳이어서 사람 심리를 이용한 친절한 상품을 만들어 내놓는다면 분명 잘 팔릴 것이 아니겠는가 하는 생각을 먼저 하고 재빨리 실천에 옮겼다.

"자, 나왔습니다. 여행의 안전을 보장해 주는 짚신이 나왔습니다. 한 켤레에 불과 6문(푼), 여행의 안전을 지켜주는 짚신입니다……."

여행의 안전을 지켜준다는 말에 여행객들은 귀가 솔깃했다. 짚신에는 빨갛고 흰 리본이 달려 있었다.

짚신에다가 리본을 달아놓았는데, 사람들은 이런 짚신은 처음 본 것이었다. 안전을 지켜주는 리본 달린 짚신에 사람들은 심리적으로 친근감을 느꼈다. 저 짚신을 신고 여행을 하면 정말 안전이 지켜질 것 같은 마음이 들었다.

바로 여행객의 이러한 심리를 상인이 상술에 접목한 것이었다. 리본 달린 짚신이 날개 돋친 듯이 팔려나간 것은 두말할 것도 없다. 일반 짚신보다 조금 비쌌지만, 고객들은 개의치 않았다.

짚신에 리본을 단 것은 아주 작은 아이디어일지도 모른

다. 작은 것 같지만 적중을 하자마자 어마어마한 돈벌이를 가져다 준 것이다.

다음으로 미쓰이 회사의 초대 사장인 미쓰이 하치로베 (1622~1694)의 상술은 어떠했는지 한번 보자.

옷장사로 성공한 그는 처음에 무명 원단을 필요한 치수만큼 잘라서 판 선구적 인물이었다. 당시의 피륙 단위는 1단(약 10m)을 기준으로 해서 팔았는데, 미쓰이는 석 자만 사고 싶은 사람에게도 그만큼의 길이를 잘라서 팔았다.

그가 생각한 것은 손님의 요구에 응해서 팔아야 한다는 것이었다. 손님이 원하고 기뻐하는 대로 따랐더니 장사가 잘되더라는 것이 그의 체득이었다. 그리고 이것이 장사의 기본이라고 그는 생각했다.

그런데 얼마간 남는 자투리의 처리 문제를 고심하지 않을 수 없었다. 달랑 남은 자투리는 손님이 없다시피 했다. 하지만 미쓰이는 이 자투리도 쓸 수 있는 방법이 있을 것이라고 생각하며 궁리해 보았다.

그는 자투리를 뭉쳐서 '에비스'(오른손에 낚싯대, 왼손에 도미를 들고 있는 일종의 수호신) 옷감이라고 이름 붙인 물건을 내놓았다. 그 이름은 그것만으로도 행운을 가져다 줄 것 같은 기분을 갖게 했다.

자투리를 싸게 팔았기에 재고품은 남지도 않았고, 돈은 돈대로 들어와 유용하게 쓸 수 있었다.

미쓰이는 이런 식의 상술을 고안해 내 하루 매상이 1천 냥이 넘었다고 한다. 엄청난 벌이었다. 다른 옷장사들이 배가 아파했을 정도였다.

　드디어 그는 스루가초에 40간짜리 커다란 점포를 차렸다. 현금 판매였고, 외상은 사절이었다. 종업원이 40여 명 되었고, 한 사람이 한 가지씩 담당했다. 비단 담당, 하부타 (순백색의 얇은 비단) 담당, 모직 담당, 마직 담당 등 이런 식으로 분업을 시켰다.

　급하게 옷을 지어달라는 손님에게는 그 자리에서 수십 명의 사람들이 달려들어 순식간에 옷을 지어주었다. 손님이 감탄할 정도였다.

　미쓰이는 머리에 떠오르면 지체하지 않고 실행에 옮겼다. 대단한 상술의 추진력을 가졌던 상인으로 꼽힌다.

　미쓰이 하치로베 역시 철저히 고객의 만족을 위해 정성을 다해 성공한 갑부 상인의 한 인물로 기록되어 있다.

돈벌기 요점

'감동의 권력' 이라는 말이 있다.

정치만이 권력이 아니라, 눈에 보이지 않는 감동도 하나의 권력이 될 수 있다는 것이다. 또 토끼를 잡으려면 다른 데가 아닌 귀를 꼭 잡고 있으면 토끼는 맥을 추지 못한다.

마찬가지로 사람을 꼼짝 못하게 잡는 방법이 있다. 허리를 꼭 잡는 것도 아니고, 사지를 꼭 붙들어 놓는 것도 아니고, 그 마음을 사로잡는다면 그 사람은 꼼짝 못한다.

이렇듯 고객에게 만족을 준다는 것은 그 마음을 사로잡는 것이다. 다시 말해 감동이라는 권력으로 고객을 잡을 것이다. 만일 고객의 마음을 사로잡을 수만 있다면 성공은 보장이 되는 것이나 다름없다.

사실 돈을 잘 벌고 사업이 잘 되는 사람을 보면 공통점이 꼭 있다.

바로 고객을 사로잡은 그 무엇인가가 남과 달랐다는 점이다. 고객을 사로잡아야 하는 것은 그 마음이어야 하고, 손이나 그 무엇으로도 아닌 이쪽에서의 마음으로 사로잡아야 하는 것이다.

한마디로 그것은 고객에 대한 진정한 애정이 표현되어야 한다는 뜻이다.

7

상인의
진정한 근성

왕은 왕다워야 백성을 잘 다스리는 것과 같이, 상인은 상인다운 근성이 있어야 성공한다.

2천 년 전 중국의 진시황은 중국을 통일했지만 그를 비판하는 것 가운데 교양이 부족한 사람으로도 평가되고 있다.

교양이 부족하다는 것은 다음과 같은 것들을 말한다.

① 스스로 반성하지 못한다.

② 남을 신뢰하지 못한다.

③ 사람을 잘 다루지 못한다.

진시황은 출생부터가 조작이었다. 진짜 아버지는 재상 여불위(呂不韋)였고, 모친은 미인 무희(舞姬)였다.

싸움에서 이겨 천하를 통일했지만, 평화를 유지하거나 문화를 발전시킬 능력이 없는 인물이었다.

도쿠가와 이에야스는 그에 대해 이런 말을 했다.

"말 위에서 천하를 뺏을 수는 있으나, 다스릴 수는 없다."

이와 마찬가지로 상인도 한쪽만 능해서는 안 된다. 상인에게 필요한 것은 고상한 교양이 아니라 상인 근성이 있는 교양이 필요한 것이다.

몽고의 징기즈칸이 만든 성문법(成文法)을 보면 상인의 신의와 계율이 엄격했음을 알 수 있다.

'상품을 구입했다가 파산하고, 다시 구입했다가 파산하고 또다시 상품을 구입했다가 파산하고, 이처럼 세 번 파산하면 사형에 처한다.'

이것은 13세기 경의 계율이었다.

이렇게 엄격했기 때문에 추방당하거나 사형을 당하지 않기 위해 상인 근성으로 무장하지 않으면 안 되었다.

예전에 오사카에 떡만두가 유행한 일이 있던 때의 이야기다.

어느 날, 거지가 떡만두 10개를 사러 왔다. 상인은 대뜸 거절했다.

"당신같이 사람 같지 않은 사람에게는 팔지 않소."

"공짜로 달라는 게 아니라, 돈을 가지고 왔으니 파시오. 같은 인간인데 거지에게는 팔지 말라는 법이 있소?"

"그러니까 당신은 평생 거지 신세에서 벗어날 수 없는 거요. 우리 집 떡만두는 정성들여 만든 것이라 이름만 대도 알 만한 유명한 사람들이 칭찬을 아끼지 않는 음식이오. 거지에게 판다면 부정을 타는 게 되는 것이오. 이걸 꼭 먹고 싶다면 진실한 인간이 먼저 되어야 하오. 남에게 빌어서 겨우 목숨을 유지하는 주제에 팔 수 없소. 조금 돈이 생겼다고 이런 고급 음식으로 먹으려 한다는 것은 세상을 업신여기는 일이 되는 거요. 이런 이유 때문에 당신에게는 팔 수 없소."

이렇게 해서 결국 팔지 않았다고 한다. 이런 걸 가리켜 상인의 기개, 엄격함이라 하며, 이것이 바로 상인의 근성이다.

이 이야기는 오사카 상인의 근성이 어떤 것인가를 단적으로 보여주는 에피소드라 할 수 있다.

돈벌기 요점

상대의 신분에 개의치 않고 사람 대하기를 정중히 하기란 쉽지 않다. 특히 사람들은 상대가 나보다 조금 약하거나 가진 것이 적다고 생각되면 괜히 거들먹거리며 멸시하는 경향을 보인다.

하물며 손님이 물건을 사러 왔는데 보기에 가난해 보이면 대충 대하고, 부자처럼 보이는 사람이면 깍듯이 대하는 것을 볼 수 있다.

게다가 물건이야 좋든 나쁘든간에 팔기만 하면 된다고 해서 가리지 않고 파는 데에 혈안이 되기도 한다.

천하통일을 했다는 진시황도 무력으로 사람들을 굴복시켰지만, 성숙되지 못한 인격으로 해서 통일된 천하는 얼마 가지 못하고 무너지고 말았다.

무력은 인격과 무관한 것이기에 그 힘 앞에서 사람들은 일단 무릎을 꿇는다. 하지만 진정 복종하고 따르려면 그 마음이 무릎을 꿇어야 하는 것이다.

마음으로의 복종은 상대의 인격에 감화되어야 비로소 가능한 것이다.

8

손해보는 장사는
하지 마라

"상인은 어려서부터 점원 노릇을 하며 자라지 않으면 안 된다."

이것은 오사카 상인들이 굳게 믿고 있는 말이다. 상인 정신이 뛰어나야 성공할 수 있다는 그들 나름의 체험에서 나온 말이다.

오사카 상인들은 대를 이을 자식을 곱게 기르지 않는다. 남의 집 점원으로 보내서 경험을 쌓게 하는 것이 통상이었다. 요즈음 부모들은 자식을 너무 귀엽게 길러 제멋대로 자라게 하는 것과는 매우 대조적이다.

한 부부가 맞벌이를 하며 구멍가게를 시작했다. 2년 정도 지나자 그동안에 번 돈으로 번화가에 조그마한 전당포를 차렸다.

갈수록 재산은 불어나는데, 생활 형편은 오히려 옹색해 보이는 것 같았다. 다른 사람들 보기에 이들 부부가 너무 지나치게 절약하는 것 같아 인색한 노랭이라고 비웃기까지 했다.

그런데 이들 부부는 아들을 하나 두고 있었다. 피부도 하얗고 몸도 가냘퍼 보여 걱정이었는데, 그보다는 아들이 물건에 대해 너무 헤픈 것 같아 여간 못마땅한 게 아니었다.

하루는 유모가 이 아들을 데리고 가게 앞에 나가 놀고 있을 때였다. 때마침 재롱을 떠는 원숭이가 나타나자, 사람들이 모여들었다.

이 아들도 구경을 하다가 손에 들고 있는 고급 과자를 원숭이에게 주었다. 주위에 있던 사람들이 이 모습을 보고는 아이가 부모와는 다르다고 생각해 칭찬해 주었다.

하지만 아이의 부모는 그 반대였다. 아무래도 아이의 장래가 걱정이 되어 이대로 둬서는 안 되겠다고 생각했다.

아이의 아버지는 이웃 마을의 전당포 주인을 만나 저간의 사정을 이야기하고는 아들을 맡아 달라고 부탁했다.

"아이가 영 돈의 고마움을 모르는 것 같네. 그러니 당신이 견습생 삼아 맡아서 가르쳐 주게나."

평소 너무도 인색한 아버지라고 사람들이 비웃었지만, 자기 아이를 다른 사람에게 맡기면서 한 말은 새겨들을 필요가 있는 것이었다.

"좀 들어봐 주게. 사치라고 하는 것은 어디까지를 두고 말하는 것인지 애매한 것일세. 이를테면 동백나무 한 그루를 10엔에 사는 거나, 귤 10개를 1백 엔에 사거나 어느 쪽을 반드시 사치라고 할 수는 없을걸세. 무슨 소린가 하면, 우리같이 저소득층의 신분인 주제에 귀족의 자제들이나 먹을 고급 과자를, 그것도 비록 남이 우리 아이에게 준 것이만, 그걸 아무 생각도 없이 원숭이에게 줘서는 안 되는 거네. 비록 흔히 먹는 과자라고 할지라도 말일세."

오늘날처럼 풍요로운 경제 속에서 보면 이 이야기는 어딘가 과장되어 보일 수도 있다. 하지만 무사가 싸움에서 죽는 것을 영광으로 여기듯이, 상인은 장사의 도를 터득하기 위해서는 어떤 어려움도 겪어내야 한다는 함축적인 의미도 있음을 생각해 보아야 한다.

장사를 하며 일생을 살겠다고 한다면 목숨이 붙어 있는 한 한 푼이라도 더 많이 벌어야 한다. 그리고 가게를 한 치라도 더 넓히려고 애를 쓰는 것이 본분이기도 하다.

어린 아들을 남의 집 전당포 점원으로 보낼 때, 이 아버지가 되뇌인 말은 이렇다.

"우리 부부는 외지에서 이곳으로 와 날품팔이로 조금씩 돈을 모아 전당포를 마련했다. 아내와는 잠시도 쉴새없이 일을 해서 밤에는 우동 장사를 하느라 밀가루를 허옇게 뒤집어쓰고 살았지. 정직을 간판으로 삼아 노력한 보람으로 해마다 조금씩 돈이 모여 그나마 이만한 정도의 가게를 낼 수 있었던 것이다. 아직까지도 다리 한 번 제대로 쭉 펴고 자본 적이 없을 정도였거든."

사실 우리의 현실을 보아도 부모 세대는 고생고생하며 가문을 일군 사람들이 많다. 먹고 입을 것 마음대로 해보지 못하면서 한 푼이라도 모아 그나마 이만큼 살게 된 것이 사실이다.

이제 너무도 인색해서 주위의 손가락질을 받을 정도였지만, 이 아버지의 다음 말에 또 귀를 기울여 보자.

"누군들 즐기고 싶지 않은 사람이 어디 있겠는가. 욕망을 참는 것도 사람의 도리라고 생각하네. 집안에서 한 사람이 게을러지기 시작하면 온 집안이 게을러지고 마는 걸세. 내 아들의 행동을 이대로 두면 그 자신을 망치게 되는 것일세."

이 일화는 결코 과장이 아니다. 오사카 상인들은 아무리 재산이 많고 고용원을 많이 뒀다고 해도 자식들을 꼭 남의 집에 보내서 일을 배우게 했다. 그리고 경제관념을 분명하게 심어줬던 것이다.

부모 세대가 힘들게 벌어서 모은 재산을 자식 세대가 하루아침에 다 날려버리는 경우를 지금도 우리는 주변에서 종종 보게 된다. 자식을 세상물정 모르게 귀엽게만 기른 탓에 빚어지는 일인 것이다.

중국의 정치가 사마온(1018~1086)도 이런 말을 했다.

"자식을 멋대로 기르기만 하고 제대로 가르치지 않는 것은 부모의 잘못이다."

부모의 행동이 너무 지나쳐서 그르치는 경우도 있다.

에도 시대에 타로베라는 견직물 장사꾼이 있었다. 장사한 지 10년이 되지 않아 큰 재산을 모았다. 자식 하나를 뒀는데 예능 쪽은 아예 쳐다도 보지 못하게 하고 오직 주판알 튕기는 것만을 가르쳤다. 그 정도로 고지식한 사람이었다.

게다가 의리도 모르고 남과의 교제도 하지 않으며 오직 밤낮으로 '절약'이라는 소리만 외치며 살았다. 고용인에게도 인색하기 그지없었다. 어쩌다 고용인 가운데에서 가난한 부모에게 보내기 위해 40몸메(일본의 옛날 돈의 단위)를 가불해 달라고 하면 다음달 급료를 모두 가불해 주기는 했다. 하지만 조건이 꼭 붙었다. 40몸메를 뺀 나머지 금액에 대해 반드시 이자를 붙여 계산한다는 조건이었다.

지나치게 인색을 떨자 타로베의 늙은 부친이 혀를 차고 말았다.

"너는 돈의 노예야. 내 자식이 아니다. 계속 이런 식으로 한다면 장사를 제대로 해나간다는 게 무리지. 너하고는 오늘로 의절한다."

오사카 상인은 돈 버는 데에 분명히 철저했다. 하지만 돈을 벌 뿐이지 돈의 노예로는 살지 않았다.

돈벌기 요점

어느 나라나 부모는 자식이 잘 되기를 바라는 것이 사실이다. 그러나 어떤 방법으로 자식을 훌륭하게 기를 수 있는지는 여러 가지가 있을 수 있다.

하지만 공통된 것으로는 자식을 제멋대로 길러서는 안된다는 점이다. 더구나 돈을 어떻게 다루느냐 하는 문제는 삶의 행·불행과 직결되어 있다. 돈의 고마움을 일찍이 안 사람과 그렇지 못한 사람의 일생이 같을 수 없다.

돈을 버는 일이 얼마나 힘든지 아는 사람과 그렇지 않은 사람의 가치관이 같을 수 없다. 돈에 대해서 엄격한 마음 자세를 배워야 한다는 것은 단지 본인만을 위해서가 아니다.

그것은 한 사람의 잘못된 돈 씀씀이가 가족과 주변을 힘들게 만들기 때문이다.

9

지혜의 선택

상인이 대를 잇는 경우가 있다. 이럴 때 여러 자식 중에서 어떤 자식을 선택해 뒤를 물려줘야 하는지를 생각해야 할 것이다.

물론 똑똑하고 장사를 잘할 만한 인물을 택해야 할 것이지만, 그러나 그런 인물을 어떤 방법으로 알아낼 수 있느냐 하는 것이 문제이다.

오사카 나가호리는 화물을 수송하는 배들이 각처에서 몰려드는 곳이다. 이곳에 목재 상사로 돈을 크게 번 상인이 있었다.

당시로서 종업원이 30여 명이었으니 큰 상점이었다. 세월이 흘러 주인의 나이가 60세가 되었고, 세 아들을 두었다.

장사는 사람 하기 나름이라는 말이 있다. 그래서 아버지는 세 아들 중에서 이에 가장 적합한 자식을 선택하기 위해 한 자리에 모이게 했다.

"상인은 밤낮으로 모든 일에 골고루 신경을 쓰고 주의를 기울이며 돈을 벌 생각을 하는 것이 중요하다."

이렇게 말머리를 떼고는 세 아들에게 수수께끼 같은 말

을 하며 내보냈다. 그가 한 말은 이런 것이었다.

"언젠가 나는 정자에 올라 서남쪽을 둘러본 일이 있다. 이때에 돈을 벌 수 있는 방법이 보였던 일이 있었다. 그것을 여기서 말할 수는 없지만 너희 세 사람이 정자에 올라가 내가 말한 서남쪽을 보고 찾아내 보아라."

그 방법이 무엇인지 알아내는 자식에게는 막내건 둘째건 가리지 않고 자기 뒤를 잇게 하겠다고 덧붙여 말했다.

세 아들이 정자를 다녀왔다. 물론 각기 정자 위에서 둘러보았다.

장남이 먼저 말했다.

"집 건너편을 보니 심어진 옥수수의 뿌리가 남쪽으로 많이 솟아올라 있었습니다. 이것을 보아 쌀장사들이 예부터 말한 대로 바람이 많은 해가 될 것 같습니다. 쌀 수확이 좋지 않을 것 같습니다. 이런 해에는 쌀을 많이 사두었다가 팔면 돈을 벌게 될 것이라고 생각합니다."

그러자 둘째가 말했습니다.

"농부들이 논밭에 파놓은 샘에서 물을 길어올리는 모습을 보았습니다. 한 가지 떠오른 생각은 물을 길어낸 것과 관련된 것이었습니다. 퍼올린다는 것은 물건을 수집하라는 의미로도 볼 수 있습니다.

세상물정을 모르는 농부들한테서 헌 도구며, 금세공, 오래된 서화나 골동품들을 사 모으는 것입니다. 그렇게 수집을 하다 보면 고가의 훌륭한 물건도 있게 되어 돈벌이에 적합할 것이라고 생각합니다.”

이번에는 막내가 말했다.

“남쪽 울타리에 조그만 거미 한 마리가 집을 짓고는 뭔가 걸려들기를 기다리고 있었습니다. 자세히 살펴보니 어쩌다 조그마한 모기가 걸려들고는 했습니다. 그런데도 거미는 그것에 만족해 하는 것 같았습니다.

그런데 그 옆에 커다란 거미 한 마리가 있었습니다. 얼핏 보기에도 욕심을 몹시 부리고 있는 것 같았습니다. 높다란 팽나무 가지 끝에다가 거미줄을 걸치고 숲의 대나무 쪽으로 몇 차례고 걸어놓으려고 하는 것이었습니다. 번번히 실패 만 하고 말았습니다.

저는 이것을 보고 한 가지 사실을 깨우쳤습니다. 자그마 한 거미의 태도에서 안전하게 자기를 지키며 이따금 걸려드 는 먹이에 만족해 하는 것으로 보였습니다.

다시 말씀드려 건실하게 장사를 해서 손해를 보지 않아 야 하는 것이 장차 저희 집안이 지탱할 수 있는 가장 좋은 방법이라는 생각을 하게 되었던 것입니다.

바둑의 명수는 이길 것을 생각하지 않고, 지지 않도록 노 력을 한다고 합니다. 이것이 이기는 방법이라고 합니다. 장 사도 마찬가지라고 생각합니다. 손해 보지 않는다고 생각 하는 것이야말로 진짜 돈 버는 방법이라고 말입니다.”

부친이 미소 띠며 고개를 끄덕였다.

“네 말이 옳다. 나는 그동안 장사에 운이 좋은 편이었다.

막내가 말한 작은 거미의 예에서 보듯이 너희들은 사재기 따위는 하지 말아라. 건실하게 장사하는 것이야말로 버는 것이다."

이런 말을 남기고 부친은 목재상을 막내에게 물려주어 뒤를 잇게 하였다. 그리고 재산의 나머지를 장남과 둘째에게 나누어 주어 공평하게 마무리를 지었다.

이 상인의 태도는 세 아들이 납득할 수 있는 처신이었다. 대를 잇는 문제나 재산 상속의 일을 합리적으로 잘 처리했으므로 형제간의 불화도 사전에 막을 수 있었던 것이다.

돈벌기 요점

물론 대를 이을 가업이 없는 집안도 있다. 상속은커녕 가난한 부모를 둬서 불만스러운 사람도 얼마든지 있다.

하지만 지금은 자신이 물려받을 재산이 없다고 해도 장차 열심히 일해 돈을 모아 자신의 자녀에게 물려줄 꿈을 꿀 수 있다.

많은 재산을 유산으로 물려받았지만 잘못 관리하는 바람에 패가망신하는 사람도 많다.

오히려 물려받은 재산이 없다면 피땀 흘려 일을 해서 소중한 재산을 만들어가는 보람을 맛볼 수 있다.

오늘날 경제 규모가 커지면서 상속되는 유산의 재산도 적지 않다.

부모 세대가 자식 세대에게 재물의 소중함을 가르치고, 또 자식 세대도 돈의 소중함과 고마움을 잘 알고 적정한 생활을 할 수 있다면 다행이지만, 인간은 스스로 흘린 땀이 없는 재물에 대해서는 소홀해지고 만다.

아무튼 재산이 있든 없든 중요한 것은 관리 능력에 관한 문제이다. 관리 능력이 있는 사람이라면 어떤 경우라도 규모 있는 인생을 잘 살아갈 수 있음은 틀림없다.

사업 성공률을 높이려면

1) '느낌 장사'는 끝

'느낌'으로 장사하던 시대는 끝났다. 통계와 분석과 종합 판단하는 능력이 수반되어야 한다.

그렇다고 육감까지 무시하라는 것은 아니다. 육감을 잘 갈고 닦아 장사에 잘 활용할 수 있으면 좋다.

느낌이라는 것은 둔한 사람, 예민한 사람에 따라 다르다. 그런데 육감이라는 것은 경험 속에서 저절로 흘러나오는 것이다. 이 육감은 다른 사람에게도 동일하게 나타날 수 있는 것이어야 한다

혼자 하는 장사가 있는가 하면 여럿이 하는 경우와 회사와 같은 대규모도 있다. 육감을 모두가 함께 공유할 수 있어서 활용한다면 좋다.

육감에 대한 과학적 연구와 분석을 할 필요가 있다. 결과적으로 보면 경험을 연구하고 분석하는 것이라 할 수 있다. 실패한 경험이 아니라, 성공한 경험에 대해서다.

어떤 일을 성공한 경우, 그것이 노력보다는 운이 좋아서 성공한 때도 있다. 이런 때 성공에 도취되어 자만심에 빠지면 안 된다. 이런 경우 경험으로 배운다는 말은 어불성설

이 되고 만다.

노력에 의해 성공했을 경우 여러 가지 요인 가운데서 운이 좋았던 부분을 뽑아낸다. 이것을 이른바 경험의 분석이라 한다.

이렇듯 경험이 분석되고 정리되어 소화되어 축적되면 이것은 다른 사람도 공유할 수 있게 된다. 이러한 자료는 시행착오를 최소한으로 막아주는 역할도 해준다.

따라서 성공률이 높아지고, 성공에서 배운 교훈은 직감으로 형성되어 육감으로 발전하게 된다.

그렇기에 육감은 쓰기 나름이다. 먼 훗날까지 공유할 수 있도록 과학화될 필요가 있다.

2) 돈 씀씀이를 잘 하기

벌이가 잘될 때 돈의 씀씀이에 신중을 기해야 한다.

오래된 이야기지만 가와사키 제철이 오늘날처럼 제철회사로 발전한 것은 한국전쟁 때의 수요 붐으로 벌어들인 돈을 지바 제철소에 투자해서 효율적으로 썼기 때문이다.

거기에 비해 마루야마 석유나 히노 해운이 망한 것은 번 돈을 사용하는 데 서툴다 보니 흥청망청 썼기 때문이다.

큰 회사뿐만이 아니다. 개인도, 가정도, 구멍가게도, 중소기업도 벌어서 그 돈의 씀씀이가 좋았느냐 나빴느냐의 여부가 성장하느냐 무너지느냐의 갈림길이 된다.

불황이면 빌린 돈을 갚지 못해 여러 비극적인 일이 벌어진다. 자살하는 사건도 속출한다. '불황이 아니었더라면 어렵지는 않을 텐데' 하고 한숨 짓는 사람도 많다. 따지고 보면 반드시 불황 탓에 그렇게 된 것만이 아닐 수 있다. 평소 돈을 빌리는 데 조심성이 없었기 때문이라 할 수 있다.

남의 돈을 빌릴 때는 처음부터 계획을 세워서 해야 한다. 무턱대고 돈을 빌릴 일이 아니다.

내 돈이 아니라고 해서 여기저기서 함부로 빌리는 짓을 하지 말아야 한다. 어쩔 수 없이 빌릴 경우에는 먼저 갚아 나갈 방법에 대해서 면밀한 대책을 세워야 한다.

3) 독특한 상법

보스턴에 위치한 파일링 회사의 피레네는 할인 판매점으로 독특한 상법을 개발했다.

이른바 '상법의 표본'이라 할 만하다.

① 종업원에게 고객 위주의 서비스 훈련이 중요하다고 생각한 최초의 상점.

② 신설되는 보스턴 지하철과 연결될 수 있는 지하 출입구를 만들어 날씨와 관계 없이 고객이 방문할 수 있도록 했다.

③ 과학적인 경영 기법을 도입했다.

④ 1899년에 이미 종업원 제안 제도를 시행했다.

⑤ 만화가 곁들인 재미있는 교육 훈련서를 작성했다.

⑥ 1913, 여름 기간에만 토요일에 휴점하는 제도를 시도해 보다가 10년 후 제도화했다.

⑦ 1주 5일제, 1주 40시간을 최초로 시행했다.

⑧ 새로운 소매 기술을 개발하기 위해서 시간과 비용을 투자했다.

이 회사는 정가로 판매하던 물건이 팔리지 않을 경우, 특정한 날에 특정한 비율로 가격을 자동으로 할인하도록 한 제도를 시행했다. 1909년에 지하 할인 판매장을 운영했다.

12일 후 25%, 18일 후 25%, 25일이 지나도 팔리지 않으면 다시 25%를 할인한다. 30일이 지나도 물건이 남으면 보스턴의 자선단체에 기부했다.

이렇게 해서 불경기 때에도 이 지하 판매장에서 수익을 올렸고, 자상 판매의 적자를 메울 정도였다. 이 지하 판매장에서 밍크 코드나 보석 같은 값비싼 품목도 취급했다.

놀라운 판매 기법을 개발한 또 다른 회사로 A&P가 있는데, 셀로판지로 싼 고기를 셀프 서비스 방식으로 판매한 선구자다. 그리고 생선을 포장해서 판 최초의 상점이다.

4) 발상은 수완이다

런던의 서쪽 브리스틀 근처에는 버드라는 조그마한 마을이 있다. 로마인들이 영국에 침입했을 때 건설한 목욕탕이 유적으로 남아 있다. 6세기까지 번창하던 마을이 색슨인들이 마을을 지배하면서 쇠퇴해 갔다. 그들은 목욕을 싫어하다보니, 목욕탕은 여승들의 수도원이 되었다.

18세기 들어서 낫시라는 인물이 앨런과 함께 이곳에 이주해 와서 목욕탕 거리를 다시 재건했다. 3천 명도 되지 않던 인구가 곧 10배나 늘어났다. 하지만 종교계가 다시 반발하는 바람에 1820년 경에는 마을은 다시 쇠퇴했다.

앨런이라는 사람은 기획에 뛰어난 인물이었다. 지난날의 경험을 살려 웨머드 해안에 해수욕장을 만들었다. 국왕 조지 3세와 귀족 쿨스타 후작을 설득해 이곳에 별장과 집을 짓게 했다. 그로 인해 일약 유명한 마을이 되었다. 이것이 유럽 해수욕장의 시초로 알려져 있다.

그는 수영은 건강에 좋으며, 노는 것은 정신건강에 좋다는 두 가지 이점을 널리 선전함으로써 해수욕장 흥행을 성공시키는 인물이 되었던 것이다.

이러한 발상이 바로 기획력이고 사업의 수완이라 할 수 있다.

5) 로스 차일드 가문의 구두쇠

상인은 무엇을 하든 인색하다. 그러니까 장사꾼이라고 한다.

영국의 로스 차일드 가문을 보면 네이덴(1808~1879)은 큰 부자였지만 인색했다. 그 아들 마이어(1840~1915)는 돈의 고마움을 모르다보니 때때로 돈을 마구 썼다.

이 두 부자 사이에서 한 구두닦이가 투덜거린 일이 있다.

네이덴은 구두닦이에게 주는 팁이 1페니였다. 그러자 구두닦이가 말했다.

"당신의 아드님은 언제나 1실링은 주고는 합니다."

네이덴의 대답은 다음과 같았다.

"그 녀석에게는 백만장자의 아버지가 있기 때문에 그럴 수 있지. 하지만 나에게는 그런 아버지가 없거든."

6) 사치와 흥청망청 놀이

'사치품 생산자' 또는 '사치품 취급 상인.'

이런 말에서 보듯이 인플레 시기에 크게 돈을 버는 사람들이 있다. 물건값이 천정부지로 오르고 서민들의 생활상은 곤두박질치는 가운데에서 일어나는 일이다.

프랑스 오를레앙(1674~1723) 공의 치세 때는 극심한 인플레이션 시대였다. 1715년 루이 14세(부르봉 절대 왕조의 최성기를 이룩함)가 나이가 어려 그 섭정을 했던 인물이다.

당시 루이 14세는 평판이 나빠 민심을 수습할 정책이 필요했다. 오를레앙 공은 루이 14세가 거들떠보지 않던 귀족의 권리 회복과 그들을 정치에 참여시키는 정책을 펼쳤던 것인데, 말하자면 귀족을 자기 편으로 끌어들인 셈이다.

이렇게 되다보니 뜻하지 않게 인플레이션이 시작되어 걷잡을 수 없는 상황이 되어 버렸다. 가난한 서민들은 생필수품조차 구하기 힘들어지고 생활 수준은 나락으로 떨어졌다.

가만히 앉아 있어도 돈의 가치가 떨어지는 게 인플레이션이다. 이런 시기에 사치품은 더욱 활개를 치고 돈의 흐름이 엉뚱한 데로 흘러가 벼락부자의 돈지갑 속에는 부정한 돈이 쌓여 갔다.

서민들은 가진 게 없으니 경제난에 희생되지만, 귀족들은 매일 화려한 사교 생활에 빠져 놀았다. 인플레이션의 소용돌이 속에서 제정신을 차렸을 때는 이미 귀족들은 급변하는 세파 속에 견디지 못하고 인플레이션의 희생자가 되고 말았다.

일단 노는 데에만 정신이 팔린 귀족들은 정치를 할 능력마저 상실해 버린 것이다. 사람이 노는 데에 길들여지면 드디어는 스스로 나락으로 떨어지는 신세가 되고 만다.

오를레앙도 인플레이션의 심각성이 무엇인지 제대로 인식하지 못했다. 정치의 인기를 만회하려고 했고, 귀족들을 이반시키지 않으려고 그들을 끌어들였다. 이런 때에 정치적 틈이 보였다. 이 틈을 이용해서 존 로(1671~1729, 은행가)는 인플레 금융 정책을 실시했다.

본래 그는 영국이 출생지인데 프랑스로 도망쳐 온 인물이었다. 그런 그가 프랑스 금융계에서 활개를 쳤으니 기막힌 노릇이었다. 자신의 이익만을 챙긴 존 로의 정책에 프랑스가 말려들었던 것이다.

3장

당당하고 정직해라

1

꼭 지켜야 할
상인의 4가지 자세

장사에는 손해가 있기도 하다. 그러나 지출만 있고 이윤이 없는 경우가 있는 이러한 금전적 손실도 상인이라면 감수할 줄 알아야 하는 것이다.

그래서 전부터 전해오는 말에 '1손 4덕(一損四德)'이라는 말도 있다. 비록 1가지 마이너스가 있다고 해도 4가지 플러스가 있다면 1가지를 아까워할 필요가 없다고 가르쳤던 것이다.

4가지 플러스란 바로 상인으로서 갖춰야 할 '4가지의 마음가짐'이라고 할 수 있다. 이것을 몸에 익혀둔다면 큰 이익을 얻을 수 있다.

(1) 상대의 신용 상태를 잘 알아둔다

오사카의 상인 마쓰모토는 고객의 형편 사정에 대해 예의 주의를 기울이기를 게을리하지 않았다. 한 고객이 거래를 오랫동안 해왔지만 근래에 와서는 어딘가 미심쩍은 데가 엿보이는 것이었다.

하루는 시간을 내서 그 고객이 자주 다니는 술집을 찾아

갔다. 거기서 술을 마시면서 넌지시 고객의 술자리 태도에 대해서 알아보았다.

술집 지배인의 말투와 표정으로 보아 짐작이 갔다. 좀더 말을 터놓고 보니 호주머니 사정이 여의치 않은지 외상값이 부쩍 늘어났다는 것도 낌새로 알 수 있었다.

마쓰모토가 짐작했던 대로였다. 그렇다면 사전에 경계를 하면서 더욱 주의를 기울였다. 우선 서둘러 받아야 할 거래 관계를 마무리 지으면서 만약의 경우를 대비했다.

몇 개월이 지나자 고객은 결국 파산하고 말았다. 마쓰모 토는 일찌감치 거래 방침을 바꾸는 대책을 강구했기에 피해 를 줄일 수 있었고 손해를 보지 않아도 되었다.

상인은 직관이 예민해야 한다. 상대 거래처의 재무상태를 재빨리 알아채면서 거래 방침을 그때 나름으로 대책을 세워 야 손해를 사전예방할 수 있는 것이다.

(2) 사람을 능숙하게 다룬다

장사라는 것은 결국 사람의 '인간미'가 크게 좌우한다고 해도 과언이 아니다. 곧 상품이 질 좋고 값싼 것만이 능사가 아니라는 말이다. 친절한 가게, 상냥한 가게에 손님이 모이 기 마련이다. 장사란 사람 자체가 하는 일이지 물건이 하는 것은 아니기 때문이다.

부부가 식료품 가게를 차렸다. 이 상점의 실제적인 주인 은 부인이었다. 친절하기 그지없고 손님에 대해 진정어린 애정을 가지고 있었다.

그런 데 비해 남편은 성실하기는 하지만 무뚝뚝했다. 손님에게 인사도 잘 하지 않고 고객이 물건을 사가도 감사하다는 인사말도 별로 하지 않았다. 그나마 부지런해서 아침 일찍 문을 열고 밤늦게 문을 닫은 뒤에 주변 정리를 잘해 놓았다. 물론 물건 배달도 열심히 하였다.

하지만 이런 남편을 장사꾼이라고 하기에는 좀 그렇다. 그의 아내는 사람의 얼굴 익히고 이름까지 꼭 기억해 둔다. 손님의 기호가 무엇인지 세세히 알아두었다가 손님이 기분 좋게 물건을 사가게 한다. 아무리 작은 물건을 사가도 친절을 베풀고 감사하다는 말을 잊지 않았다.

이 집이 장사가 잘 되는 것은 부인의 그러한 솜씨 때문이었다. 장사꾼이라면 모름지기 이 여자와 같은 사람이어야 하는 것이다.

그래서 장사는 결국 '인간미'로 한다는 사실에 대해 분명한 인식을 하고 그 누구보다도 인간미 넘치는 장사를 할 때 돈을 벌 수 있다.

(3) 자주 친분을 쌓는다

예전에 다이묘와의 거래를 튼 상인은 돈을 많이 벌었다. 당대의 세도가였으니 납품업자나 회계 담당자는 이곳 사람들과 격의 없는 자리를 갖고는 했다. 식사를 같이 하거나 술자리를 함께 하면서 친분을 쌓아 갔다. 거래에는 이렇게 인간 관계가 잘 통할 때에 잘 돌아가 주는 것입니다.

평소 거래 관계의 접촉은 세심한 주의가 필요하다. 자리를 같이 했다고 해서 지나치게 유흥을 빠진다거나 할 경우는 오히려 부작용이 날 수도 있다. 적당한 것이 알맞다는 것은 이럴 때도 마찬가지이다.

결국 인간 관계의 접촉은 놀이를 통해서 이뤄진다고 볼 수 있는데, 장사에 최대한 이용할 줄 아는 계산이 필요하지 않을 수 없다.

즐겁게 잘 놀면서도 장사에 잘 활용할 수 있다면 일거양득일 수 있는 것이다.

(4) 예의와 배려가 있어야 한다

장사를 하는 사람 중에 술을 마실 줄 모르는 사람도 있다. 체질적으로 술을 마시지 못하는 사람도 있는 것이다. 그러나 자리를 같이 했을 때는 함께 즐겁게 어울릴 수 있어야 한다.

거래 관계라고 해서 계산 속으로만 대한다면 오래 지속될 수가 없다. 상대에 대한 정중한 예의와 배려를 깍듯이 하면서 관계를 유지한다면 원만하게 이어나갈 수 있다.

거듭 말하는 것이지만, 장사라는 것은 계산기에 나타나는 이익만으로 이뤄지는 게 아니라는 사실이다. 상인은 결코 인간과 인간의 관계를 잊으면 안 된다.

돈벌기 요점

돈을 번다는 것은 수치로 따지면 간단하다. 열 개를 투자해서 열다섯 개를 얻었다면 돈을 번 장사가 되는 것이다.

하지만 이렇듯 계산상으로만 되지 않는 게 세상인데, 그 계산으로 나오지 않는 숨어 있는 미지수라는 것은 바로 그 사람으로부터 나오는 것이다. 무엇을 하기 전에 '먼저 사람부터 되라'는 말은 이래서 나온 말이다.

세상의 모든 일이 혼자서 되는 일이 없기 때문에 결국에는 인간과 인간의 관계 속에서 씨가 뿌려지고 가꾸어지며 열매를 맺게 된다.

인간 관계란 인간미를 말하는 것이고, 그 인간미라는 것은 인간으로서의 아름다움을 말한다.

이 인간미라는 것은 일생을 두고 쉼없이 노력으로 스스로 일궈나가야 하는 노력이 필요한 것이다.

2

변명하지 말고
당당하라

때로는 뜻하지 않게 누명을 쓸 때가 있다. 이상한 것은 사람이 일단 의심을 받게 되면 변명이 오히려 소용 없게 되고, 그 의심이 진실처럼 자리를 잡게 된다는 사실이다.

이런 때의 변명은 오히려 이롭지 못한 결과를 가져다 주어 더욱 난감하게 한다.

다음의 이야기가 좋은 참고가 될 것입니다.

하쿠인(1685~1786)이라는 스님은 신도에게서 예기치 않은 누명을 쓰고도 묵묵히 받아들였다. 그러나 나중에 진실이 밝혀진다는 내용이다.

42세 때에 이미 큰 경지에 이르렀다는 하쿠인 스님 주변에는 사람들이 많았다. 그 가운데 재물 공양을 소홀히 하지 않는 한 부자 상인이 있었다.

이 부자 상인에게 딸이 하나 있었는데, 처녀의 몸으로 임신을 하게 되자 부모가 다그쳐 물었다. 딸은 마지못해 입을 열었다.

"하쿠인 스님입니다."

모두 놀라지 않을 수 없었다.

"그 덕망 높은 스님이라니!"

부모는 그날로 아이를 싸안고 절로 달려갔다. 아기를 하쿠인 스님의 무릎에다 팽개치다시피 던지며 화를 냈다.

"어찌 이럴 수가 있습니까?"

드디어는 폭언까지 서슴지 않고 퍼부었다. 그럼에도 스님은 이렇다저렇다 아무 말도 없었다.

이 날 이후 스님은 아기를 정성들여 길렀다. 얼마나 귀여워하는지 인근 마을 사람들은 그 아이가 진짜 하쿠인 스님의 자식이라고 생각했다.

어느 해 겨울, 눈이 펑펑 쏟아지는 날, 이 날도 하쿠인은 어린 아기를 싸안고 부처님 앞에서 경을 읽고 있었다.

때마침 그 상인의 딸이 거기에 와 있었는데, 하쿠인의 기품 높은 모습을 보고는 그만 가슴이 무너지고 말았다. 더이상 진실을 숨길 수가 없었다.

집으로 돌아온 딸은 모든 사실을 털어놓았다. 부모는 또 한번 놀랐다. 그 길로 하쿠인 스님한테로 달려가 마룻바닥에 머리를 조아리며 사죄했다.

그런데도 역시 스님은 빙그레 웃기만 하다가 한 마디 던졌다.

"이 아이에게 아비가 한 사람 더 있는가 보군요."

나무라는 기색은 전혀 없었다. 딸의 부모는 자신들의 처사가 너무도 부끄러웠다. 그리고 의문이 들기도 해서 마지못해 물었다.

"어찌하여 아이 아비가 아니라는 말씀을 그때 하시지 않으셨습니까?"

그러자 스님이 짤막하게 대답했다.

"그 상황에서 변명하는 것보다 내가 맡아 기르는 게 더 나았을 테니 말이오."

높은 수도의 경지에 오른 스님으로서 이런 태도는 어찌 보면 당연한 처사로 보일지도 모른다. 그러나 아무리 경지에 이른 스님이라 해도 주위의 눈총과 수치, 남모르는 고뇌가 있었을 것으로 짐작된다.

하지만 평범하기 그지없는 세상 속에서의 누명은 크든 작든 심각한 후유증에 시달리게 한다. 이런 경우를 당하지 말아야 하겠지만, 만일의 경우 변명이 통하지 않을 때는 묵묵히 받아들이는 게 차라리 문제를 빨리 해결하는 길이 되어줄 것이다.

거짓은 언젠가 밝혀지고 진실이 드러나는 법이다. 시간이 흘러야 해결되는 문제 앞에서는 참고 기다리는 여유가 해결법이라 할 수 있다.

평소 인간 관계를 돈독히 해둔다면 이런 누명의 사건 같은 일은 미연에 방지할 수 있을 것이다. 사람과 사람과의 관계는 업무면에서도 조화를 이루지만, 사적인 관계에서도 서로의 친밀을 쌓아둘 필요가 있다.

돈벌기 요점

어쩌면 세상은 오해라는 것이 있으므로 해서 세상다운 것일지 모른다. 만일에 세상에 오해라는 것이 없다면 일어날 분쟁도 없을 것이고, 다툼이나 미움도 없을 것이다.

많은 경우에 서로 싸우게 되는 원인의 주범은 상당수가 오해에 있다는 통계도 있다. 진실의 핵심은 없고 엉뚱한 허상을 놓고 그것이 실체인 양 싸우는 게 사람간의 모습이기도 하다.

저 유명한 그리스 시대의 트로이 전쟁도 한 여자를 놓고 벌인 오해의 싸움이었다.

개인간 또는 가족간에 있어서 아무것도 아닌 오해에서 신경전을 벌이기도 하고, 파국을 면치 못하는 싸움으로 발전하기도 한다.

그렇다면 오해에 대해서, 그리고 누명에 대해서 어떻게 대처하는가에 따라 당신의 인생이 달라지게 될 것이다.

3

흐르는 물은 앞을
다투지 않는다

‘물의 질서’라는 것이 있다. 그래서 생겨난 말에 이런 것이 있다.

"흐르는 물은 앞을 다투지 않는다."

뒤따라 흐르는 물은 앞서 흘러가는 물을 뛰어넘지 않는다. 물은 스스로 앞과 뒤의 질서를 유지하면서 흘러간다. 아무리 빨리 흐르는 물도 이러한 질서 속에서 그 흐름을 유지해 가기 마련이다.

자연의 이러한 질서에서 우리는 배울 것이 많다.

장사도 이와 같은 ‘흐르는 물’의 정신에서 이뤄져야 될 중요성이 있다. 상업이란 본래 물의 흐름과도 같기 때문이다.

장사와 제조업과는 다르다. 제조업은 육상의 도로에서 달리는 것과 같다. 이 경우는 추월이 가능하다.

경쟁이라고 하는 것은 앞지르거나 뒤처지거나 하는 것을 말한다.

상업은 그 어느 분야와는 다른 특징이 있습니다. 물의 경쟁은 앞을 다투는 그러한 경쟁형이 아니다. 물의 흐름은 각기 제자리를 지키며 독자성을 발휘하며 흘러간다. 즉, 누가 더 빨리 흘러가느냐, 느리게 가는냐의 문제가 아니다. 힘이 강하냐, 약하냐 하는 그러한 문제를 따지며 흘러가는 것도 아니다.

장사에서의 승패의 갈림길은 독창성이 있느냐, 없느냐에 따라 좌우된다고 볼 수 있다. 늦었다고 안 되거나, 힘이 약해서 안 된다는 것은 상업의 세계에서 통하는 얘기가 아니라는 뜻이다. 독창성이 있는 한 언젠가는 승리하게 되는 게 상업이라는 점입니다.

물에서의 경쟁이라고 하는 것이 바로 상업의 경쟁이라는 것을 인식할 필요가 있다.

제조업의 경우를 '레이스 형(型)'이라고 했던 것도 빨리 달리지 못하거나 뒤처지고 말면 이미 성공에서 멀어지기 때문이다. 제조업이라는 것은 생산이 시스템화되어 있고, 또한 다른 사람이 얼마든지 흉내낼 수 있다. 공장이라는 것은 똑같은 기계와 같은 시스템을 얼마든지 만들어 낼 수 있다.

이렇게 되면 경쟁의 요인은 다른 데 있는 것이다. 조직이 남보다 빨리 움직이느냐 늦어지느냐(시간), 시스템의 규모가 남보다 크냐 작으냐(능력)라는 이러한 문제에서 승패가 가름이 나게 된다.

반면에 상업에서는 누가 흉내낼 수 있는 시스템이 없다. 상업에서 승부를 결정하는 것은 상인 각자의 재능과 남다른 연구, 그리고 근성이 좌우하게 되는 것이다.

특히 상업에는 그 무엇보다도 자연의 이치와도 같은 흐

름이 있다는 것이다. 자연의 이치처럼 이루어져 있는 상업의 독특성은 마치 물이 높은 곳에서 낮은 곳으로 흘러가듯 흘러간다는 사실이다.

친절하고 정직한 가게에는 손님이 찾아든다. 가격이 부당한 가게에는 사람들의 발길이 끊긴다. 노동의 착취, 무리한 상품의 차별화, 유사품의 제조, 권위주의적 분위기나 비합리적인 유통 구조에는 손님들이 몰려들지 않는다.

상업에 종사하는 사람이라면 장사의 속성을 분명하게 인식하고 있어야 한다는 이야기이다. 그런데 요즘 들어 상업이 제조업의 특성을 흉내내려고 하고 있다. 육상의 도로를 질주하는 방법으로 장사를 하려고 상점이 많아졌다는 말이다.

그러나 분명하게 말하는 것으로 상업과 제조업은 분명 판이하다는 사실이다. 경쟁하듯이 장사를 하면 오래갈 수 없다. 상점 경영과 공장 경영은 분명 다르다는 것을 잊지 말아야 한다.

상업이 제조업 식으로 나간다면 땅에 뛰어오른 개구리가 육상을 달리겠다는 것과 마찬가지이다. 이렇게 되면 상업의 중요한 요소가 죽어 버린다.

"흐르는 물은 앞을 다투지 않는다."

이 정신이 바로 상업 정신의 기본이다. 오사카 상인들이 상인으로서 성공한 것도 바로 이런 점을 지켜갔기 때문이다.

돈벌기 요점

물이 역류하거나 그 흐름의 정상적인 길을 이탈하면 엄청난 재해를 불러일으킨다.

이와 마찬가지로 인간의 세상에도 역류 현상이 일어나거나 과잉 욕망으로 혼란과 위기를 초래할 수 있다. 자연에 흐름의 이치가 있는 것과 같이, 인간이면 당연히 해야 할 순리와 질서가 있는데 그것을 제멋대로 어겼을 때 일어나는 것은 파국과 불황, 침체와 퇴보라고 할 수 있다.

장사의 세계는 판매자와 구매자라는 관계의 질서를 말하는 것이다. 이 질서를 어떻게 유지해 나가느냐가 공동체가 함께 사느냐, 아니면 동시에 파멸하느냐를 결정짓는 것이다.

모든 존재에는 환경이 있다. 심지어 컴퓨터에도 우리는 환경이라는 말을 씀으로써 컴퓨터의 성능이 무리 없이 작동할 수 있도록 한다.

환경을 거스른 자는 역천자(逆天者)가 되어 상업의 흐름을 역류하는 것이다.

4

항상 성실하고
기본을 지켜라

1955년 도요하라 에키산이 펴낸 《에치고야 각서》라는 책에는 경영 정신과 상인도(商人道)에 관해 수록되어 있다.

이 저자는 13세의 어린 나이에 에치고야 가게에 들어가 60여 년을 근무하다가 이사(理事)로 은퇴한 사람이다. '에치고야'란 일본의 미쓰코시 백화점의 처음 개업 때의 명칭이다.

이 오래된 백화점이 성장할 수 있었던 것은 창업 당시에 상도의 기본 요강을 세웠다는 점이다. 이것이 있었기에 에치고야의 경영 정신이 확립되었고, 상인으로서의 행동 기준도 명백해졌던 것이다.

백화점의 회사훈(會社訓)에 해당하는 것으로, 상인으로서의 신념 같은 것이라 볼 수 있는 상훈(商訓)이 소개되어 있는데, 그것은 다음과 같다.

① 윗사람과 아랫사람이 함께 정을 나눈다.
② 장사의 진정한 도(道)를 힘껏 닦는다.
③ 중간 관리자를 채용한다.

④ 사치는 절대로 하지 않는다.

⑤ 지배인을 우대한다.

⑥ 장사에 전념한다.

⑦ 같은 상인끼리 절대 협력한다.

주로 고용주에 대한 사항을 중점적으로 다룬 항목이다.

③ 중간 관리자를 채용한다는 대목에서는, 부연 설명으로 '중간 관리자를 잘 선택하는 것이 중요하다'고 되어 있다. 위와 아래의 연결고리로서 중간이 잘 움직여 줘야 전체가 잘 움직일 수 있다는 것을 지적한 내용이라고 볼 수 있다.

상사가 현명한 사람인가, 아니면 어리석은 사람인가의 차이는 엄청난 것이다. 훌륭한 장군에게는 훌륭한 부하가 있듯이, 못된 주인에게는 못된 부하 관리자가 있기 마련이다.

중간 관리자가 어리석으면 아래에 일을 잘하는 사람이 있다고 해도 윗사람한테 인정받을 기회가 없게 된다. 고용주에게 인정받지 못한 채 방치되면 결국에는 의욕을 잃고 만다. 이렇게 되면 일하는 분위기는 점차 어두워갈 수밖에 없다.

"윗자리에 있는 중간 관리자는 아랫사람을 잘 보살펴라. 사심 없이 좋은 것은 좋다 하고, 나쁜 것은 나쁘다고 해야 한다. 위와 아래가 하나로 합치면 못할 것이 없다."

라고 에키산은 쓰고 있다. 책에는 이어서 다음과 같은 설명을 붙여 놓았다.

"공적이 있는 자를 알아내어 제대로 뒷받침해 준다면 저절로 모든 일이 잘 될 것이다. 사람을 성실하게 부리면 남도 또한 성실하게 따른다."

그는 또 지배인에 대해 우대해야 한다고 지적했는데, 지배인의 중요성은 마치 건물에 비교하면 일종의 대들보와 같다고 강조할 수 있다. 왜냐하면 주인에게 잘못이 있으면 충언을 하고, 아랫사람에게 잘못이 있을 때는 타일러 위와 아래를 원만하게 조화를 이루는 사람이 바로 지배인이기 때문이다.

사실 고용주를 직접적으로 지휘하는 사람은 지배인이다. 중책을 맡아야 하는 지배인에 대해서 주인은 각별한 신경을 써야 한다. 주인의 경영 방침과 의도가 저 말단에 이르기까지 잘 전해지게 해야 하는 역할이 또한 지배인의 손에 달려 있다.

주인이 지배인을 소중하게 여기면 아랫사람들도 지배인을 존중하게 되고, 그러면 저절로 통솔과 지휘가 잘 이뤄지게 되는 것이다. 그러므로 지배인이 육체적으로나 정신적으로나 건강하고 원만하지 못하면 그 직책을 감당하기 어렵다.

이 백화점에서는 지배인이 은퇴를 하고 나도 중요한 상담이나 회의에도 꼭 참석시킨다고 합니다.

돈벌기 요점

황소를 몰며 쟁기질을 잘하는 농부의 밭은 곧게 고랑이 나 있다. 그러나 서툰 사람이 쟁기질을 하면 고랑이 이리저리 구부러져 있다.

농부는 쟁기질할 때 저 멀리에다 표적을 하나 정해 놓는다. 그것이 나무든 바위든, 아무것이나 하나를 정해 놓고 그 표적을 향해서 황소를 몰고간다.

이러한 표적을 세우느냐, 그렇지 않느냐에 따라 쟁기질로 생겨난 밭고랑의 모습이 달라지게 되는 것이다. 이러한 표적이 바로 신념에 해당하는 것이고, 사훈이라 할 수 있다.

이것이 정해져 있는 한 어떤 문제가 닥치고 시련이 와도 흔들리지 않고 그 소용돌이를 헤쳐갈 수 있다. 사업을 하면서 처음 출발은 꿈과 의욕에 넘쳤지만 얼마 못 가서 맥없이 주저앉는 배경을 보면 대부분 쟁기질의 표적 같은 것을 세우지 않았기 때문인 경우가 많다.

불황이라고, 남들이 어렵다고 할 때도 당신이 뚫고갈 표적이 있다면 아무 문제가 될 게 없을 것이다.

5

인내로
열리는 세상

옛 이야기에 나오는 오사카 상인론(商人論)을 보기로 하자.

"무사의 집에 태어나면, 이미 군주를 위해 목숨을 버리지 않으면 안 된다는 사실을 알고 있는 이상 무도(武道)에 치우친다.

상인의 집에 태어나면, 돈벌이가 없으면 부모가 자식을 잘못 키운 것이 되는 이상 상도(商道)에 치우친다."

상인이 돈을 벌어야 하는 것은 당연한 일이다. 에도 시대만 해도 사농공상(士農工商)의 계급을 따지는 때여서 상인은 미천한 존재였다. 그들은 그들 나름으로 생존의 법칙을 갖고 살지 않으면 안 되었다.

특히 상인은 직감력이 강해야 한다. 머릿속의 암산만으로도 이윤이 나는지, 손해를 보는지 즉각 계산이 되어야 하는 것이다.

직감력이나 암산이 빨라야 하는 것은 기회의 포착이 빨라야 하고, 이익의 실현을 위한 행동력이 따라야 하기 때문이다.

장사에는 돌파해야 할 장애가 많다. 자연적인 재해도 있지만 인위적인 문제에 부딪쳐 갈등을 겪게 된다. 그러니 이러한 장애를 뛰어넘으려면 인간으로서의 특이한 능력도 불가불 필요하게 된다.

장애를 돌파하려면 가장 기본적인 요소로서 인내의 정신이 요구될 수밖에 없다. 다른 방법을 없다고 봐도 좋다. 여기에 진취적인 정신을 갖추고 있어서 앞으로 전진해 나가겠다는 상인의 정신이 필요한 것이다.

그리고 남보다 더 훌륭한 상인이 되겠다면 모험심에다 담력도 있고, 용기와 결단력이 갖추어지면 상인으로서는 훌륭한 인물이 될 것이다.

오사카 상인은 유독 이런 면에서 다른 지역 사람보다 강했던 것이다. 특유의 고집도 있었으니 장사를 했다 하면 돈을 버는 것은 당연했다.

장사는 당연히 이익을 얻어야 하는 것인데, 그것을 '비도 (非道)'라고 말하는 것은 잘못이다. '돈은 천한 것이다' 라고 해서 왜곡된 발상으로 천시 여기는 경향이 일부에 있었던 것도 옳지 않은 현상이다.

얻어야 할 만큼의 대가의 돈을 버는 것은 당연한 것이지, 그것을 욕심이라는 식으로 매도해서는 안 된다. 물건을 흥정할 때 값을 깎기도 하는데, 이것 역시 욕심이라고 말할 수 없는 것과도 같은 이치이다.

세상사에 고생이 따르지 않는 것은 없다고 해도 과언이 아니다. 하물며 장사에서의 성공을 향한 상인의 길은 고생을 마다하지 않는 여정과 다를 게 없다.

물론 오사카 상인에게서 시작된 것은 아니지만, 많은 상인들은 더 나은 이익을 찾아 전국을 돌아다니기도 했다.

아무리 좋은 물건이라도 손님이 자기 발로 찾아와 주는 것은 아니다. 통신 매체가 없던 시절에는 두 발로 전국을 다녀야 했다.

지금이야 영상과 활자에 의한 광고의 천국이 되다시피 했지만, 당시로서는 적극적으로 물건을 팔러 다니지 않으면 안 되었다. 그곳이 먼 곳이든, 위험한 곳이든, 외딴 곳이든, 산 너머이든 강 건너이든 갈 수 있는 곳이라면 어디든 찾아다녔다.

과거에는 이런 모습이 상인의 모습이었다. 그러니 당시로서는 지금보다 더 인내가 중요할 수밖에 없었다. 참고 견디지 않는 자에게는 세상이 열리지 않았다. 그래서 이런 말이 전해온다.

"견뎌야 한다. 참기 어려운 것을 참지 못하면 참된 인내가 마음에 있지 않은 것입니다."

이 말은 오늘날에도 설득력 있는 의미로 우리에게 다가오느냐 하면, 손님은 결코 자기 발로 찾아와 주지 않기 때문이다.

결국 장사를 한다는 것은 손님을 찾아가든, 불러오든 어떤 방법으로든 물건을 사가지고 갈 수 있게 해야 하는 것인데, 거기서 남다른 인내를 갖지 않고서는 성공이라는 것은 아예 바라지도 말아야 할 것이다.

오사카 상인은 이런 점에서 그들 특유의 뚝심이 있었던 것이다.

돈벌기 요점

겉으로는 돈을 경멸한다 하면서 속으로는 좋아하는 위선적인 사람이라면 분명 돈에 대한 관념이 잘못된 것이다. 돈의 정당성과 돈을 버는 일의 정당성, 그리고 상인이라면 이익을 남겨야 하는 정당성의 문제는 돈에 대한 개념에서 비롯된다. 이 개념이 비뚤어져 있다면 평생 돈과 친화력을 가질 수 없을 것이다.

돈은 대가의 상징이기도 하며, 요즈음은 봉급만으로 평생을 살 수 없는 시대가 되었다. 언제 어느 때 생각지도 않게 밀려나 거리에 나앉게 되는 일도 부기지수이다.

자기만의 기업을 꾸리든, 사업을 하든, 장사를 하든, 독자적인 독립이 가능하지 않으면 안 되는 시대로 변화되어 가고 있다.

돈을 벌기 전에 먼저 돈에 대한 개념을 바로 알면 돈을 버는 일이 순조로워질 수 있다.

6

겸손한
상인의 티

상인으로서 먼저 상품을 팔 생각부터 하는 것은 바람직하지 못하다. 그 무엇보다 먼저 손님의 기분을 맞출 생각부터 하는 것이 상도(商道)의 기본이다.

자기를 낮추고 고객 위주로 하는 것이 장사의 기본이라는 것을 깨닫고 이를 실천해 성공한 한 상인의 이야기가 있다.

1910년경 도쿄의 스미야바시 근처에 시카지마야라는 '게다(나막신)' 장사가 바로 그 주인공이다.

그가 고향을 떠날 때에는 호주머니에 단돈 15엔뿐이었다. 아는 사람도 없는 도쿄에서 당장 무엇이라도 하지 않으면 안 되었다. 그래서 그는 몸뚱이 하나로 할 수 있는 것을 찾아야 했다.

우선 온갖 지혜를 짜내는 데에 힘을 쏟았다.

그의 머릿속에서 계속해서 생각했던 것은 오직 고객의 기분과 기호에 맞춘 그 무엇을 찾는 데에 집중해 있었다. 그 결과 두 가지에 중점을 두고 가게를 꾸몄다.

첫째, 기발한 상점 구조로 문을 열 것

그는 간판에다가 '게다'라는 말은 전혀 넣지 않았다. 그 대신에 주변을 안내해 주는 지도를 그린 간판을 걸었다.

〈도쿄의 어느 곳을 찾더라도 길을 가르쳐 드립니다.〉

간판에는 이런 글씨도 커다랗게 써넣었다.

상점 안의 구조도 다른 '게다' 가게와는 판이하게 달랐다. 세면 시설을 갖추고, 짐 둘 곳의 공간도 마련했다.

탁자도 놓아 그 위에 누구든지 쓸 수 있도록 성냥과 잡지·시간표·전차 안내서, 그리고 종이와 연필까지 갖춰 놓았다. 당시만 해도 종이와 연필이 보편화되지 않은 때여서 이런 것들을 탁자에서 본 손님들은 무척 좋아했다.

스미야바시 주위에는 전차가 달리고 있었다. 안내서를 갖춰뒀으므로 지금의 버스나 지하철 노선표와 같은 것이었다. 사람들이 편리하게 이용할 것은 두말할 것도 없었다.

놓아둔 의자도 아주 특이한 구조였다. 두 쪽으로 갈라서 그 가운데에는 자전거용 펌프며 스패너·기름통·새끼줄·노끈·헌 신문 등을 넣어두어 자연스럽게 이용이 가능하도록 했다.

예전에는 교통 수단이 자전거였지만 그만큼 고장도 잘 났다. 이 가게에 들어오면 간단한 수리 정도는 할 수 있고, 또 세수도 하며 잠시 쉴 수도 있었다.

이러한 가게가 나타나자, 시카지마야의 이름은 금방 그 일대에 널리 알려졌다.

둘째, 고객에게 서비스 정신을 발휘할 것

당시 일본에서는 신발이라면 '게다'를 신던 때였다. 그는 종종 다른 사람의 '게다'와 바뀌는 것에 착안을 하여 '게다' 바닥에다가 이름을 써넣을 수 있는 표를 부착했다. 아주 멋지고 재치 넘치는 구상이었다.

하지만 그는 이 정도에서 그치지 않고 한 걸음 더 앞선 발상을 했다. 일기 예보를 장사에 적용하기 시작하며, 가게 안에 게시판을 만들어 놓고 그곳에 기상 예보를 적었다.

예컨대 내일 날씨가 맑은 것 같으면 '내일은 고무 조리(바닥에 고무를 댄 일본식 샌들), 코마게타(통나무로 만든 나막신)'라고 써 놓았다. 비가 올 것 같으면, '아시타 나가게타(굽이 높은 나막신)' 또는 '다가게타(굽이 높은 나막신)'라고 적어 놓았다.

실로 '게다' 장사꾼다운 일기 예보를 해놓음으로써 무척이나 인상적인 가게를 만들어 놓았던 것이다.

이 가게가 도시 전체에 순식간에 화제가 됐고, 자연스럽게 훌륭한 광고 선전도 되었다. 이 기발한 장사꾼 가게는 소문에 소문으로 퍼져나갔다. 말할 나위 없이 장사는 크게 성공하였다.

그의 성공이 어떻게 이뤄졌는지는 더이상 설명하지 않아도 알 수 있을 것이다. 이처럼 거듭 강조하지만 철저하게 손님 위주의 서비스 정신이 바탕에 깔린 장사라면 성공은 약속된다는 것이 장사의 세계라는 것이다.

손님에게 겸손하게 머리 숙일 줄 아는 것, 때로는 무례한 손님 때문에 자존심이 치켜들더라도 '내 장사를 위해서 머리를 숙이는 것', 이런 기본적인 자세가 갖춰져야 한다.

상인티가 난다는 것은 자신을 낮추고 모든 것을 고객 위주로 기본을 세우는 것을 말한다.

돈벌기 요점

성공한 사람들의 한결같은 공통점은 남이 하지 않은 생각을 현실에 적용했다는 점이다. 남이 하지 않은 생각을 자신만이 할 수 있는 것은 천재성이라기보다는 끝없는 노력의 결실이다.

생각을 거듭하고, 관찰하고, 메모하며, 잠시라도 긴장을 늦추지 않는 어느 순간에 번뜩이는 아이디어가 떠오르는 것이다.

한 유명한 컴퓨터 관련 벤처사업가는 매일 몇 개의 발명 아이디어를 의무적으로 메모지에 적었다. 엉뚱한 상상의 내용이라 하더라도 개의치 않고 매일 기록하였기에 수천 종류의 아이디어가 그의 손에 있었다.

그것들 중에서 실현화할 수 있는 것을 골라내 하나씩 발명품으로 만들어 갔다.

이렇듯 아이디어를 얻기 위해서는 쉬지 않고 머리 회전을 하는 것만이 가장 뛰어난 새로운 아이디어를 창출해 낼 수 있는 비결이다.

번뜩이는 기지로 어느 한순간에 뛰어난 아이디어를 얻어내는 사람도 있지만, 알고 보면 부단한 노력의 결실이 어느 한순간에 섬광 같은 빛을 가져다 주는 경우가 더 많은 것이다.

7

상인의
냄새를 풍겨라

상인에게는 학문이 필요 없다고 오사카 상인들은 말한다. 그래서 오사카 상인들은 메이지 시대에 자녀를 일부러 대학에 보내지 않았던 사람들이 많이 있었다.

그런데도 오사카 상인들의 집에 가보면 방에 책들이 가득 꽂혀 있었다. 앞뒤가 맞지 않는 처사로 보이겠지만, 역설적인 그들의 표현인 것을 감안하면 이해가 될 것이다. 즉, 사실 '대학은 필요 없다'는 것이지, '학문이 필요 없다'는 뜻은 아니라는 이야기다. 이러한 역설적인 표현이 나온 데에는 그럴 만한 이유가 있었다.

상인이 되려면 학문만으로는 안 된다는 체험적 경험이 그들의 사고방식에 깊이 깔려 있기 때문이다. 오사카 상인들은 어려서부터 장사의 실제 현장 속에서 잔뼈가 커야 한다는 믿음을 갖고 있었다. 그래서 어린 사환에서 점원으로, 점원에서 지배인으로 성장하는 과정을 중요하게 여겼고, 이렇게 함으로써 상업의 진수가 체득된다고 확신했던 것이다.

그들의 이러한 확신은 다음과 같은 이야기로 설명이 될

수 있다. 인도의 '우파마 샤타가'는 머리로는 빤히 아는 항해술을 가지고 있었지만 정작 배는 난파하여 침몰한 경우가 바로 그것이다.

어느 큰 부자에게 아들이 하나 있었다. 한번은 여러 상인들과 함께 배를 타고 바다로 보물을 찾아나섰다. 아들은 화술도 좋았기 때문에 배 위에서 제법 이런저런 소리를 늘어놓았는데, 배를 조종하는 항해술을 이야기할 때는 너무도 그럴듯해 모두들 고개를 끄덕였다.

이제 어떤 파도나 태풍이 닥쳐도 겁날 것 없을 것 같았다. 이런 뛰어난 지식을 가진 젊은이가 있다는 게 정말 마음 든든하기 그지없었다.

그런데 선장이 갑자기 병들어 죽게 되었다. 그래서 이 아들이 대신 선장의 역할을 맡았던 것은 당연한 일이다. 그러나 정작 태풍이 불어닥치자 사람들은 점차 불안해지기 시작했다.

항해술을 자신 있게 떠벌리던 젊은이는 자기가 배운 지식대로 배의 키를 잡았는데도 배는 더 나아가지 못하고 뱅뱅 돌기만 하더니 결국 난파해서 바다 속으로 가라앉고 말았다.

사실 모든 것을 모두 다 잘 알고 있다는 자신감을 자랑스럽게 내보이는 사람들이 우리 주위에는 얼마든지 있다.

또다른 예로, 강단에서 강의하는 경제학 박사가 일선 경영을 맡아 하면 잘 될 것 같지만 정작 해보면 앞이 콱 막혀

버린다거나, 문학 평론가가 소설을 비평하는 것을 보면 그럴듯하지만 정작 소설을 쓰지는 못하는 것은 무슨 일이겠는가?

'몸에 밴 실천을 존중하라.'

이 말은 곧 오사카 상인의 마음이다. 이것은 실천을 소중히 여기는 상인 정신을 말한다. 말로는 모든 것이 가능할지 몰라도 실제로는 하지 못하기에 결국 알지 못한 것이나 마찬가지라고 생각하는 것이다.

상인들이 모여 잡담을 하고 있었다. 그 가운데 한 사람이 이런 말을 꺼냈다.

"무사가 너무 무사 냄새를 풍기고, 학자가 너무 학자 냄새를 풍기는 것은 좋지 않다."

그러자 다른 상인이 말을 받아 말했다.

"그래, 하지만 상인은 상인 냄새가 풍길수록 좋은 거야."

상인이 학문을 잘못하면 나중에 더 큰 손해를 볼 수 있다. 물론 핵심을 잘 파악하면 조금 배운 것만으로 이득을 얻을 수 있다. 하지만 나쁘게 배우면 도리어 더 큰 손해를 초래하게 되는 법이다. 그러므로 상인이 학문을 할 때에는 이 점에 유의해야 한다.

돈벌기 요점

상인은 상인으로서의 정체성이 있어야 한다. 그것은 바로 상인으로서의 냄새를 풍겨야 한다고 표현하는 것이다. 물류가 발달한 현대사회는 사업이든 구멍가게이든 자기만의 개성이 분명해야 남들에게 인정을 받고, 또 하는 일이 잘 되는 게 사실이다. 자기 영역에서의 정체성이 분명해야 무엇에도 성공한다는 것을 명심하라.

그것은 마치 영화배우나 가수, 탤런트가 유명 인기인이 되기 위해서는 자기만의 개성을 가져야 하는 것과 같다.

예전에는 상인은 신분이 낮았던 때가 있었다. 그러나 오늘날에는 봉급자 생활보다도 상인의 능력이 더 커지고 돋보이는 시대이다. 상인으로서의 정체성이 분명한 사람은 그 누구도 부럽지 않은 장사를 하며 번창하고, 커다란 재산을 불려가게 되어 있다.

장사는 학문에서 나오는 이론이나 지식으로 하는 것이 아니라 경험과 상인 근성이 결합된 체험적인 감각과 대응력, 그리고 판단력과 순발력에 의해서 이뤄지는 종합적인 성격이 강하다고 할 수 있다.

8

상업철학으로 번영하라

상업에도 철학이 있다. 이 철학은 직접 몸으로 겪어서 배여나오는 것이다. 일본 니혼바시의 시로기야 백화점 초대 사장인 오무라 겐타로에게서 이러한 철학을 발견할 수 있다.

그가 처음 가게를 연 때는 1662년, 27세의 젊은 나이였다. 그의 마음속에서는 다음과 같은 신념들이 늘 자리잡고 있었다.

① *고리(高利)를 탐하지 않는다.*
② *정직하게 좋은 물건을 판다.*
③ *절대로 손님을 속이지 않는다.*
④ *단번에 큰 이익을 얻으려 하지 않는다.*
⑤ *눈앞의 이익에 혈안이 되지 않는다.*
⑥ *늘 충분한 준비를 갖춰 방심하지 않는다.*
⑦ *마음가짐을 훌륭하게 갖자.*

그는 늘 이런 생각들을 잊지 않고 실천했다.

그런데 한번은 이런 일이 있었다. 시로기야가 번창하면

서 그 주변의 땅을 사들이게 되었다.

지배인이 이 일을 맡아서 처리했는데, 오무라 겐타로는 보고를 받고 마음이 편치 않았다. 지배인이 땅 주인이 내놓은 값을 깎아서 매입했다는 것을 알고는 그 길로 노인을 찾아가 사과했다.

"지배인의 무례를 사과드립니다. 깎였던 만큼의 돈을 환불해 드리겠습니다."

그러면서 정말 돈을 내놓은 것이었다. 노인을 손을 내저으며 거절했다.

"깎일 거라고 생각하고는 그만큼 올려서 부른 값이니 개의치 말아주십시오."

그런 말에도 오무라 겐타로는 물러서지 않았다.

오무라의 생각은 '마음의 움직임'에 있었다. 즉, 남의 마음을 아프게 하면서까지 이익을 챙기는 것을 용납할 수 없고, 또 상인으로서의 마음자세도 아니라는 그의 철학 때문이었다.

오무라 겐타로는 옳다고 믿는 것은 정직하게 실천했고, 그런 그의 모습을 보고 부하 직원들도 그를 존경하며 따르게 되었다.

그는 이렇게 강조했습니다.

"무엇보다 상인으로서 중요한 게 있다. 얼마 되지 않는 매상이라도 소중하게 여겨라."

파는 입장에서는 비싸고 또 액수가 많이 나가는 물건을

사는 손님에게 더 정중하게 대하는 게 보통이다. 그만큼 이익이 많이 남는 데 더욱 굽신거릴 수밖에 없다.

하지만 오무라 겐타로는 하찮은 액수의 손님을 소홀하게 대해서는 안 된다는 분명한 인식으로 장사를 했다. 작은 액수의 손님을 깔보면 상점은 어느새 쇠퇴하고 손님의 발길이 끊어진다는 것이었다.

시로기야 백화점에는 이러한 전통이 있었고, 1863년 당시 그는 다음과 같은 훈화를 하여 점원들을 크게 감동시켰다고 한다.

"적은 액수의 물건을 사는 손님에게 더욱더 실수가 없도록 노력합시다."

이 시로기야 백화점은 1700년에 지금의 도쿄 중심가로 이전했고, 이후 몇 가지 기록을 세우게 되었다. 메이지 시대가 열리자 가장 먼저 양복 코너를 연 곳이기도 하고, 영국인 카티스 여사를 초대해 아더 데이비 상회와 계약을 맺기도 했다.

또한 업계에서 최초로 엘리베이터를 설치한 상점이기도 하고, 일본 최대의 민속인 스모 경기의 속보를 진열장에 내걸기도 했다.

이렇게 남다른 아이디어를 내서 고객 만족을 주었기 때문에 300년 역사를 면면히 이어올 수 있었던 것이다.

이러한 상인 정신, 일종의 장사에 있어서의 나름대로 설정한 철학은 상인에게 매우 중요한 것이다.

도쿠가와 시대에 나온 어느 책에는 이런 구절이 있다.

'번영해서 돈이 들어와 여유가 생기면, 그 여유 돈을 운영하는 데에 실수가 생기게 된다. 대개는 헛되이 돈을 놀리는 경향이 있다.'

장사꾼으로서의 철학이 없으면 돈을 벌어도 문제가 생길 수 있다는 점을 지적한 것이다. 다음 구절이 그것을 명확하게 말해 주고 있다.

'그 여유 돈을 어떻게 운영해야 할지 몰라 한다. 그래서 잘 알지도 못하는 장사를 벌이거나, 다른 사람에게 함부로 외상을 주었다가 크게 손해를 보게 된다. 야무지지 못한 상인에게는 이런 일이 생긴다. 그러므로 아주 명심할 일이다.'

장사에도 지켜야 할 수칙이 있다는 말이다. 그 수칙이란 달리 표현하면 상인 철학이며, 이른바 장사꾼 정신을 의미하는 것이다. 그렇기에 이러한 상업 철학을 갖고 있으면 장사는 반드시 번영하게 될수밖에 없다.

돈벌기 요점

① 고리(高利)를 탐하지 않는다.
② 정직하게 좋은 물건을 판다.
③ 절대로 손님을 속이지 않는다.

위의 세 가지가 우리 사회 속에서 그대로 실현이 되고 있다면 분명 밝은 사회이며, 살기 좋은 세상이라고 할 수 있다.

그런데 이 세 가지의 이면을 들여다보면 무서운 인간의 모습이 감추어져 있음을 알 수 있다. '이기심' '탐욕' '거짓' 등의 인간 모습이 배경을 이루고 있는 것이다.

이러한 인간의 부정적인 면은 누구에게나 있는 것으로, 어떻게 이런 것들로부터 떠나서 정직과 신용과 친절을 실천할 수 있는가를 고심해야 한다. 그러므로 이 사회에서 가장 빨리 추방되어야 할 인간의 추악한 모습을 스스로 떨쳐 버릴 수 있어야 한다.

사업을 성공적으로 이끌고, 장사를 잘해서 사회의 빛이 된 사람들이 수없이 많이 있다. 떳떳하게 벌어서 이웃과 함께 아름다운 세상을 만들어갈 때 우리의 뒤를 잇는 세대는 더욱 살기 좋은 사회가 될 것이다.

9

상인의
7가지 노하우

상과 벌은 사람의 행동에 많은 영향을 끼친다. 그것은 책임을 강화하게 하거나 의욕을 불러일으키는 힘이 있다.

오사카 상인은 점원에게 상과 벌을 엄격하게 했다. 경우에 따라서 상에 대해서는 일생을 책임질 정도로 뒷받침했는가 하면, 벌은 그 즉시 추궁해서 바로잡았다.

상인으로 커서 훌륭한 사람이 될 가능성이 없어 보이면 노란 싹을 잘라 버리듯이 냉정했다.

다음의 일곱 가지 자세를 보면 오사카 상인들의 자세가 어떠했는지를 알 수 있다.

1 보조적 관계의 사람에게도 주목한다

사람은 혼자서 일할 수 없다. 특히 조직적으로 이뤄지는 상업의 세계에서는 혼자라는 것은 거의 불가능하다. 어느 한 사람이 일을 잘 했을 때 그 사람만 표창하기보다는 그렇게 될 수 있도록 한 주변 협조자에게도 표창의 배려를 해야 한다.

2 업무를 분할해서 맡긴다

업무를 어떻게 분할하느냐에 따라 일의 능률은 달라질 수 있다. 특히 확실하게 업무를 분할하여 일을 진행함으로써 그 업적 평가도 분명하게 하는 것이 좋다.

3 약속 관계를 잘 맺는다

거래는 약속이다. 업무도 약속과 다름없다. 약속이 없다면 책임도 불분명해지고 일도 진척이 되지 않는다. 약속을 잘 맺고 잘 지킴으로써 사람에게 의욕을 불러일으킨다.

4 원한을 사지 않는다

원한이 생기는 배경을 보면 일처리를 소홀히 해서 생기는 경우가 흔하다. 또 배려를 하지 않거나 능숙하지 못한 처리가 이런 일을 생기게도 한다.

예컨대 벌을 주거나 면직을 시킬 경우에 상대가 납득할 수 있는 조치를 취하면 원한을 사는 일은 없을 것이다.

그러므로 잘못된 행동에 대해 벌을 줄 때 어떤 방식을 택하느냐는 매우 중요하다. 이를테면 무조건적으로 비판해서는 안 된다는 것이다.

"자네가 하는 일이란 매냥 그 모양인가!"

이런 식으로 몰아붙여서는 안 된다. 애초부터 악의적으로 문제를 일으킨 것이라면 물론 문제는 달라지지만 대개는 잘해 보려고 하다가 실수를 하는 경우가 많다. 그렇기에 상대를 무조건 몰아붙이는 식의 추궁은 삼가야 한다.

잘못하는 사람에게는 잘한 일도 얼마든지 있다. 그 잘못된 일만 분명하게 짚고 넘어가는 방식을 택하라. 이렇게 하면 대개 자신의 잘못을 시인하고 새로이 분발하게 된다. 그래야 상대에게 원한을 사는 일이 없다.

5 다른 사람의 공적을 빼앗지 말아야 한다

칭찬받아야 할 자신의 업적이 엉뚱한 사람에게로 돌아가는 일만큼 분통 터지는 일은 없다. 이렇게 되면 상벌의 형평성은 권위를 잃게 됩니다.

의외로 조직 속에는 이런 일이 발생하는 경우가 종종 있다. 만일 이런 일이 자주 생겨난다면 진정한 의미의 상벌이 불가능해지고 이 조직의 분위기는 악화될 것이다.

6 상과 발탁을 함께 한다

상을 주는 대신에 발탁해 업무를 맡기는 경우가 있다. 그런데 당사자의 능력에 맞지 않는 발탁이라면 오히려 잘못된 표창이나 마찬가지이다.

상은 당사자가 한 일에 대해서 주는 것이므로 분명한 초점을 두어서 상을 주는 것으로 끝나는 경우가 많은데, 상을 주는 동시에 발탁을 했을 때는 나중에까지 영향을 미칠 수 있다. 훌륭한 상이 발탁으로 이어진다면 그는 더 큰 업적을 남길 수도 있다.

7 뒤지지 않으려고 애쓰는 사람을 인정해 준다

상벌의 목적 중에 하나는 상대를 분발시키는 동기를 준다는 점이다. 다른 사람보다 뛰어나 일을 잘하는 사람이 있는가 하면, 드러나게 잘하지는 못하지만 뒤지지 않으려고 애를 쓰며 노력하는 사람도 있다.

이런 사람은 잘 눈에 띄지 않는다. 어떻게 보면 남의 꽁무니만 쫓아가는 것처럼 보인다. 하지만 이 사람 또한 노력형임에 분명하므로 이러한 노력을 하는 사람에 대해서 가벼이 평가해서는 안 된다.

오사카 상인들이 보인 이러한 행동에는 오늘날에도 배울 점이 많다. 사람을 생각하는 면모에서는 매우 인간미를 느끼게 해주는 것을 알 수 있다.

돈벌기 요점

세계 명작인 《죄와 벌》은 죄에 대한 결과로써 벌이 주어지는 구조를 이루고 있다. 그러니까 '벌'이라는 것은 그 원인이 되는 잘못이나 실수, 나쁜 짓 등을 전제로 한다는 것이다.

칭찬을 받고 자란 아이는 밝고 긍정적 성향의 성격으로 자란다는 사실은 칭찬이 사람의 잠재능력을 일깨워 준다는 것을 입증하고 있다.

사람은 무한한 능력을 가지고 있지만, 그 100분의 1도 사용하지 못하고 일생을 마친다고 지적한 과학자도 있다.

칭찬에 대한 반응이 오만과 자만으로 나타나서는 안 되겠지만, 가지고 있는 잠재력의 능력이 솟구쳐 나오게 하는 칭찬에 더욱 주목할 필요가 있다.

칭찬은 인간 관계에 활력을 불러일으킬 뿐만 아니라 그 조직을 생기 있게 만들어 준다.

진짜 돈 버는 사람은 '이것'이 다르다

1) 돈 좀 있으면 좋겠다는 푸념

상인들이 흔히 하는 푸념이 있다.

"자금이 조금만 더 있다면 좋겠는데."

과연 이 푸념대로 되면 일이 잘되는 것일까?

런던의 변두리에서 이탈리아 요리 전문 레스토랑을 경영하는 에밀리오스칼라라는 상인이 있었다.

가난한 집에서 태어났지만 꿈을 품고 처음에는 거리에서 아이스크림 손수레를 끌며 장사했다. 푼돈을 모아 전전하면서 드디어 레스토랑을 연 것이다. 이 사람도 때로는 여유돈이 조금만 더 있으면 좋겠다고 생각했다.

한번은 아일랜드 경마의 마권을 샀는데 뜻밖에 1등에 당첨되었다. 큰돈이 굴러들어오자 고생끝의 보람이라고 여기며 기뻐했다. 그러나 그것도 잠시고, 이런저런 골치 아픈 일이 생기기 시작했다. 그러자 딸이 말했다.

"상금을 탄 뒤부터 우리 집안은 언짢고 걱정스러운 일만 생겨요."

전보다 더 행복할 것 같았는데 괴로운 일만 더 생겼다.

레스토랑 주인이 당첨되었다는 뉴스가 신문에 나가자 사람들이 물려들었다. 입구가 부서지고, 유리창이 깨지고, 내부 시설이 망가졌다. 경찰관들이 출동하는 소동까지 벌어졌다.

이웃집 이발소 주인은 그 마권을 사보라고 권했기 때문에 상금의 일부는 자기 몫이라고 소송을 걸었다. 평소 코빼기도 보이지 않던 친척들이 나타나 얼마라도 달라고 졸라댔다.

견디지 못한 스칼라 씨는 런던을 떠나기로 했다. 레스토랑도 닫아 버리고 몰래 고향 이탈리아의 시골로 잠적해 버렸다. 그러나 그곳에서도 편안한 날이 없었다.

이처럼 피땀 흘려 벌지 않고 굴러온 돈은 결과적으로 아무 소용 없다.

세상 사람들은 고생을 높이 평가하고 신용을 높이 산다. 신용을 얻으면 세상을 얻는 것과 같지만, 반대로 신용을 잃어버리면 나락으로 떨어진다.

프랑스의 유명한 구두장수 프롱드의 이야기가 있다.

그는 어느 날 지하실 창고에서 옛날 금은 동전이 가득 든 단지를 발견했다. 골동품상이나 화폐 수집상에게 팔면 큰돈이 들어올 만한 가치가 있었다.

이 상인은 술을 좋아하고 언제나 콧노래를 부르는 쾌활한 남자였는데, 쾌재를 불렀다. 그러나 다음 순간 그는 생각을 고쳐먹었다.

"아냐, 이걸 팔아 돈이 생기면 분명 골치 아픈 일이 생겨. 그러면 이건 행운이 아니라, 날 망치게 하는 거야."

이렇게 독백하며 그는 콧노래를 부르며 결심했다.

그는 단지를 들고 세느 강으로 가서 강 속에 던져 버렸다. 강
에서 돌아온 그는 너무나 홀가분했다.

"구두나 더 잘 만들어 열심히 팔면 되는 거야."

프랑스 판 진정한 상인의 모습이라 할 수 있다.

2) 장사의 세 가지 속성

상인과 손님 사이에서 장사가 이뤄지는 것을 보면 재미있다.

"장사란 참 희안해."

이런 말이 나올 법하다.

안 산다, 에누리하자, 못 판다, 안 된다, 이런 식으로 말씨름인
지 흥정인지를 한참 벌어지다가 결말이 난다. 결국 손님이 지고
사가거나, 상인이 지고 에누리해 준다.

남녀 관계를 봐도 그렇다. 그래서 이런 말도 한다.

"이성 관계란 참 희안해."

다투면서도 정이 드는 연인이 있고, 얼굴만 마주 대했다 하면
티격태격 다투는 부부가 있다. 그래도 사이가 좋고 별탈 없이 살
아간다.

그렇다면 '희안하다' 라고 표현하는 이유는 무엇일까? 낱말뜻
이 아니라 삶의 현장 속에서의 모습으로 보면 다음과 같은 의미
일 것이다.

① *게임성*(흥정을 하니까)

② *도박성*(스릴과 서스펜스가 있으니까)

③ *스포츠성*(경쟁하는 듯 힘이 들지만 끝나면 상쾌한 기분을 맛보니까)

장사에도 이 세 가지 유형의 의미가 있다. 그래서 '희안하다'는 표현이 성립된다고 해도 좋다. 사가는 쪽도 희안하고 파는 쪽도 희안한 게 바로 장사다.

장사를 한다는 것은 이러한 세 가지의 변화무쌍 속에서 이뤄진다고 본다면, '장사를 어떻게 하면 잘할 수 있는가?' 라는 해답도 얻어낼 수 있을 것이다.

3) 우는 소리는 하지 마라

장사를 하는 사람이나 경영하는 사람이나 우는 소리를 하면 안 된다. 뭐가 좀 잘 안 되면 습관적으로 이러는 사람이 있는 데 좋지 않다.

사람은 원래 약한 동물이다. 좋은 일이 계속되면 기뻐하고, 나쁜 일이 생기면 우울해 한다. 돈이 있으면 기분 좋고, 돈이 떨어지면 우는 소리를 한다.

사람들이 추겨주면 기분 좋아하고, 소외당하면 반성하기보다는 다른 사람을 미워한다.

힘든 일보다는 쉬운 일을 택하고, 실력 쌓을 생각은 하지 않고 지위가 오르고 명예만 바라고 있어서는 안 된다.

아무튼 엄살을 떠는 것은 좋지 않다. 노력할 생각은 하지 않고, 정치가 이래서 그렇다느니 저래서 그렇다느니 남의 원인 탓으로 돌리는 것도 바람직하지 않다.

'싸움은 7푼, 3푼이면 이기기 힘들다.'

이 말은 내가 고달프다고 생각할 때 다른 사람도 고달프며, 이런 점에서 다른 사람도 나와 마찬가지라는 뜻을 담고 있다. 사람은 자신이 고달프면 모든 게 상대보다 불리하다는 생각을 한다. 하지만 대등한 관계에서 내가 3이고 상대가 7이면 이미 지고 있다는 얘기다.

그렇다고 우는 소리를 하거나 손을 들어 버리면 안 된다. 절대로 나약한 소리를 해서는 안 된다.

일에는 강약이 있다. 강약을 좌우하는 것은 사람이다. 그 사람이 강하냐 약하냐에 모든 것이 달려 있다.

따라서 성공과 실패에 대해서는 자신이 책임질 줄 알아야 한다. 타인에게 전가하는 따위의 행동은 말아야 한다.

장사를 한다는 것, 사업을 한다는 것, 경영을 한다는 것, 여기에는 엄격성이 있어야 한다. 이것을 자각하고 견디어 내는 사람만이 승자가 될 수 있다.

다음과 같은 약한 소리를 하지 않아야 한다.

"자금 융통이 힘들어서……"

"인건비가 비싸서……"

"근로기준법이 까다로워서……"

"세금이 많아서……"

"은행이 어쩌니저쩌니 해서……"

"경쟁이 심해서……"

조금만 눈을 돌려봐도 여기저기서 우는 소리를 하는 사람을 많이 볼 수 있다. 이래서는 안 된다. 그런 사람은 약한 사람이다. 약한 사람에게는 사람이 따르지 않는다는 걸 명심해야 한다.

4) 분별 없는 장사의 결과

장사꾼은 팔기만 하면 된다는 생각을 하기 쉽다. 하지만 매상에만 신경을 썼다가는 큰코 다칠 수 있다. 매상에만 신경을 쓰다 보면 다른 일을 소홀히 하게 된다. 바로 이런 점이 사업을 무너지게 하는 요인으로 작용하기도 한다.

도쿠가와 시대의 상인인 오쿠로 야쿠자에몬의 예가 있다.

에도의 혼마치 1가에 옷가게를 열어 크게 성공했다. 엄청난 부자로 번영했다. 그런데 3대째에 이르러 문제가 생겼다. 치카자에몬을 비롯해서 그 동생 조에몬, 백부 로쿠로에몬 등이 상점을 경영하면서 '분별 없는 장사'를 했다.

그러자 순식간에 상점은 망했다. 수많은 재산을 여러 사람이 마구잡이로 분산시켰던 것이다.

나중에는 교토에서 외상으로 물건을 구입해 에도로 가져왔지만 판매가 부진했다. 결국 어마어마한 빚을 지고 문을 닫았다. 주인은 감옥에 갇히는 신세가 되었고, 다른 사람들은 행방불명이 되고 말았다.

5) 소비자가 아니라 손님으로 대우하기

상인이 자나깨나 매상을 늘리려고 하는 것은 당연한 행동이다. 매상을 올리겠다는 '노력하는 마음'은 가상한 일이다.

상인에는 두 가지 유형이 있다.

A형 : 자기만 돈을 벌면 그만이라는 상인으로 물건을 사러 오는 사람을 손님이라 여기지 않고 '소비자'라고 생각하는 차가운 대립자(對立者)이다.

B형 : 손님을 먼저 기쁘게 해주는 상인으로, 자기도 돈을 벌고 손님과는 대립하지 않는 사람이다.

상인이 마음속으로 진정한 애정을 갖는다면 '소비자'에서 '손님'으로 대상이 바뀐다.

소비자와의 대립은 '팔아준다' '사도록 만든다'라고 생각하기 때문에 생겨난다. 이럴 경우 소비자는 값이 싸기만 하면 좋아한다는 차가운 마음으로 대하게 된다.

다시 말해서 상품을 가운데 놓고 대립하는 A형은 좋지 않다. 상품에 대해 손님도 상인도 같은 편에 위치하는 B형이 좋다.

A형의 경우 비싸게 판 다음 돌아서서 혀를 날름 내미는 악덕 상인이 될 가능성이 많다.

A형 — 소비자는 싼 것만 좋아한다.

B형 — 손님은 훌륭한 물건을 좋아한다.

소비자가 아니라 손님으로 대접받기를 원하는 게 고객이다. 상인이 정성을 들이면 소비자가 손님으로 바뀐다.

6) 피땀 흘려본 적 없는 사람

페르시아의 왕 다레이오스 1세(B.C 558~486경)는 영토의 안전을 지키기 위해서 20여 개 도시 국가로 분할해 군주를 임명했다. 군주는 왕의 심복으로 앉히기로 했다.

졸지에 군주에 임명된 새로운 군주는 경험도 없고 준비도 없었다. 이들은 피땀 흘려 본 일이 없는 사람이었다. 이 정책은 끝내 실패하고 말았다.

마찬가지로 사회에서도 피땀 흘려 일해본 사람만이 진정한 돈의 주인이 될 수 있다.

7) 친밀한 인간관계를 맺는 방법

회사라면 아침에 남보다 조금이라도 일찍 출근해서 몇 분간이라도 동료나 주위 사람들과 대화를 나눈다. 이때 정담 같은 가벼운 화제를 삼는 것이 좋다. 여의치 않으면 점심 시간을 이용하는 것도 좋은 방법이다.

점심 시간은 비즈니스맨에게는 아주 중요한 시간이다.

미국의 한 은행장은 이렇게 말했다.

"점심을 누구와 먹는가는 비즈니스에서 굉장히 중요하다."

미국의 경우 일본과는 달라서 평일에 저녁 회식이라든가 파티는 많지 않다. 그렇기 때문에 점심 시간이 중요하다. 토요일엔 쉬기 때문에 일주일에 다섯 번밖에 없다. 그러므로 점심 시간을 적절하게 안배해서 이 시간을 이용해 사람들을 만난다.

일본의 한 명사(名士)는 이런 말을 했다.

"그날 그날 먹고 사는 것은 개나 고양이도 하는 일이다. 인간이라면 만일의 경우나 비상시를 대비해 두지 않으면 안 된다. 평소 인간관계를 저축해 둘 필요가 있다."

인간관계의 저축이라는 표현에서 보듯이 돈만이 저축이 대상이 아니다. 인간관계야말로 평소에 소중히 해줘야 한다.

사람과 사람의 관계는 하루아침에 이뤄지지 않는다. 사람은 감정을 가진 존재이기 때문에 한 마디 실수로 큰 사건이 일어날 수도 있는 것이다. 조그만 오해가 불화를 불러일으킨다는 것을 안다면 '감정의 융화'에 힘써야 한다.

둥근 달걀도 자르는 방법에 따라 네모 반듯하게 접시에 담을 수 있다. 높은 자리에 앉았다고 거만을 떨면 타인의 감정을 해칠 수 있다. 낮은 자리를 못마땅해 하면 분수를 모르는 사람이라고 지탄을 받을 수 있다. 남을 업신여기는 언동이나 자만하는 태도는 버려야 한다. 즉 타인의 인격을 존중할 줄 아는 사람이 되어야 한다.

영국의 정치가 그레이튼(1809~1898)은 사람들의 이름을 잘 기억해 두는 인물이었다. 한 번 이름을 들으면 꼭 기억해 두었다가 두 번째 만날 때 반드시 상대방 이름을 부르곤 해서 평판이 좋았다.

선비는 자기를 알아보는 사람을 위해서 죽는다. 오늘날에도 이 말은 우리 사회에도 통용되고 있다. 상대방의 인격을 존중할 줄 아는 사람이 성공한다. 이것이 인간 교제의 묘미라 할 수 있다.

8) 머리를 써야 돈을 번다

철학자가 돈을 크게 번 이야기가 있다. 그리스의 유명한 철학자 탈레스(B.C. 624~546)에게 화나는 일이 생겼다. 학자라는 사람은 돈벌이에는 관심도 없는 존재라는 말을 들었던 것이다.

"학자라도 돈을 벌 수 있어. 공부에 바빠서 벌지 않을 뿐인걸. 돈버는 걸 한번 보여줘야겠어."

이렇게 투덜거린 탈레스는 그 해의 기후를 조사해 보았다. 그는 별의 운행을 살펴보며 기후를 예측할 수 있는 지식이 있었다. 내년에는 올리브가 풍작이 될 것 같았다.

그는 겨울 동안 마을의 압착기를 모두 빌렸다. 사람들은 아무 생각 없이 그에게 모두 빌려주었고 덕분에 아주 싼 값으로 빌릴 수 있었다.

다음해 예측대로 올리브가 크게 풍작이었다. 이미 지난 겨울 압착기를 모두 빌려간 상태라 마을 사람들은 오히려 탈레스한테서 빌려 써야 할 판이었다. 결국 그에게 비싼 돈을 주고 빌려 쓸 수밖에 없었다.

탈레스는 1년 만에 돈을 크게 벌 수 있었다.

이 이야기는 그리스의 철학자 아리스토텔레스(B.C. 384~322)의 책에 소개되어 있다.

탈레스는 가난했다. 가난한데도 철학에만 몰두하고 있자 비난의 화살이 날아왔다. 그는 이 비난에 대한 반론과 반증을 해보이기 위해 이런 식으로 돈을 벌어 모았다고 한다.

이 이야기에서도 돈 버는 방법은 머리를 쓰는 데에 있다는 것을 입증해 주고 있다. 탈레스는 이런 말을 남겼다.

"원한다면 철학자도 언제든지 돈을 벌 수 있다. 이런 일에도 지지 않을 수 있다. 다만 철학자의 관심은 본래 돈에 있지 않고 진리 탐구에 있다. 철학자란 이것에 몸을 바쳐야 한다. 돈을 벌 능력이 있어도 거기까지 손을 뻗치지 않을 뿐이다."

머리를 써야 돈을 번다는 것은 예전이나 지금이나 마찬가지다. 남이 미처 생각하지 못하는 예민한 머리 회전을 한다면 상인은 언제나 돈을 벌 수 있다.

4장

변화에 민감해져라

1

변화기의
상술

시대의 변환기에는 조금만 머리를 써도 남보다 돈을 더 잘 벌 수도 있다. 변화의 시대에는 그 상황 속에서 잘 팔리는 상품이 있기 마련인 것이다.

일찍이 변혁기에 남다른 상술을 발휘해서 거부가 된 사람으로 후지타 덴사부로를 손꼽을 수 있다. 그는 메이지 시대의 대상인이었다.

그가 오사카로 나온 까닭은 당시의 시대 상황으로는 고향 땅에서는 더이상 성장할 수 없다고 판단했기 때문이었다. 그는 본래 양조업이며 간장 제조·금융업 등에 손을 대며 부자가 된 사람이었다.

"석탄산(石炭酸)을 사라. 살 수 있는 대로 모두 사들여라."

하루는 직원들을 불러 그가 이런 지시를 내렸다. 직원들은 무슨 뚱딴지 같은 소리인가 해서 주인이 정신이 나간 것이 아닌가 생각할 정도였다. 당시만 해도 석탄산이란 소독 약품으로 알고 있던 시절이었기 때문이다.

그런데 얼마 후 세이난 전쟁(1877년)이 일어났다. 싸움터라는 곳은 위생 상태가 정상일 수 없기 마련이다.

아니나 다를까 1년이 지나자 콜레라가 돌기 시작했다. 소독 약품인 석탄산이 날개 돋친 듯이 팔려나갔다. 값이 10배로 뛰었으니 후지타는 이렇게 해서 커다란 돈을 거머쥐게 되었다.

그러자 이번에는 관청의 납품업자로 변신했다. 군수물자 조달을 했기 때문에 납품 물량도 엄청났고, 금액도 대단했다. 그는 신발 납품 외에도 옷·식량·위생 자재·기계 등 군대에 납품할 수 있는 것은 모두 다 했다.

이렇게 해서 큰 부자가 된 그는 남작의 칭호를 받아 귀족에 오르기도 했다.

후지타 덴사부로가 성공한 것은 시대의 정황을 재빨리 읽은 데에 있었다. 도쿠가와 시대가 막을 내리고 메이지 시대로의 전환기였기 때문에 그는 이 시대 상황을 장사와 연결시켰던 것이다.

머리 회전을 어떻게 하느냐가 매우 중요하다. 그리고 두둑한 배짱이 있다면 돈을 벌게 된다는 것은 확실한 사실이다.

엉뚱하기 그지없는 배짱으로 한몫 돈을 챙긴 일본의 유명한 과학자 이야기를 소개해 보겠다.

에도 시대의 히라가 겐나이라는 과학자가 있었다.

'꼬마귀신'이라는 별명이 붙었던 히라가 겐나이는 어린 시절부터 영리하고 재주가 뛰어났다. 그런데 31세에 이미 그에게 필적할 만한 발명가로서의 과학자가 없을 정도였다고 한다.

그 해 그는 어쩐 일인지 교토에 머물러 있었는데 호주머니는 텅 빈 채였다. 이를 눈치챈 여관집 주인은 볼멘소리를 하며 그에게 청구서를 내밀었다. 겐나이는 태연한 얼굴로 텅 빈 호주머니를 털어보이자 주인은 더욱 난감했다.

그런 지 며칠이 지나서였다.

"신스케, 오늘 오사카에 좀 다녀오게나. 긴시로라는 사람을 찾아가 이 편지를 주면 2천 냥을 빌려줄 것이니 가져오게."

겐나이가 여관 종업원인 신스케에게 말한 긴시로라는 사람은 언젠가 겐나이의 신세를 졌던 사람이었다. 겐나이가 지도해 준 신작법의 감자밭 재배로 크게 성공한 오사카의 설탕 도매상이었다. 겐나이가 부탁한 돈을 빌려주어도 당연할 정도로 신세가 컸던 것이다.

사람을 오사카에 보내놓고 그때부터 겐나이의 행각은 실로 기상천외한 일이었다.

며칠 후 그는 최고급 가마를 타고 시마하라 이토야의 유명한 기생집으로 갔다.

2층으로 안내받은 그는 하녀에게 팁으로 고항(에도 시대에 통용되던 타원형의 금화로 1개가 1냥이었다) 쥐어 주었다. 당시에 고항을 선뜻 내놓는 손님은 흔치 않았다. 그러니 당장에 겐나이는 부자이거나 높은 지위의 사람으로 격상되어 정중히 안내되었다.

그런데 자리에 앉자마자 겐나이의 입에서 나온 기생의 이름은 뜻밖이었다.

　　"아이코를 데려오게."

　　아이코라면 이토야에서 최고 기생이었다. 일본에서 첫손 꼽히는 부호 미쓰이 야로우에몬만이 지명하는 기생으로, 다른 손님이 불러도 응하지 않기로 유명했던 것이다. 이토야로서는 당황스러웠다.

　　아무튼 앞서 준 팁 1냥의 효과가 있었던지 아이코가 앞에 나타났다. 겐나이는 그 집의 기생은 모두 초청해 그 자리에서 큰 잔치를 벌였다. 그러자 문자 그대로 이토야는 큰 난리가 난 것 같았다. 이 손님이 보통 인물이 아니라고들 수군거렸다.

　　그런데 겐나이가 기생집을 떠나기 직전에 내민 요청으로 또한번 이토야는 뒤집어지고 말았다.

　　"아이코가 마음에 든다. 몸값을 주고 데리고 가고 싶다. 얼마면 되겠는가?"

　　이토야의 주인은 곤란했다. 최고 부자 미쓰이 야로우에몬이 총애하는 기생인 것을 교토에서 모르는 사람이 없었기 대문이다.

　　주인은 아무리 돈을 많이 준다고 해도 안 될 일은 처음부터 거절해야 했다. 그렇다고 면전에 대고 안 된다고 할 수가 없어서 그냥 해보는 소리로 7백 냥이라고 대답했다. 이정도면 이 이상한 손님도 입을 다물 것이라고 생각했는데 손님은 눈 한번 깜짝 하지 않고 말했다.

"겨우 그것뿐인가? 좀더 비쌀 거라고 생각했는데 그렇지 않군."

이러고 있는 사이에 오사카에 갔던 신스케가 2천 냥을 가지고 돌아왔다. 겐나이는 그 돈을 받아들고는 다음과 같이 말했습니다.

"아이코를 데려가는 몸값은 지금 당장 지불하겠다. 하지만 지금 당장은 데려가지 않겠다. 몸값으로 1천 냥을 주겠다. 여기에 5백 냥을 더 낼 테니 아이코를 위한 송별회를 열도록 해라."

그래서 겐나이는 태연하게 다시 교토로 돌아갔다. 이토야의 주인은 놀라 입을 닫지 못했고, 더욱 놀란 것은 미쓰이 야로우에몬이었다.

"도대체 이 일본 천지에 나 말고 아이코를 건드리는 작자가 누가 있단 말인가?"

미쓰이 야로우에몬은 자존심이 상했고, 체면도 구겨졌다는 생각이 들었다. 아이코를 되찾아와야만 조금이라도 마음이 편할 것 같았다. 오죽했으면 야로우에몬이 직접 겐나이를 찾아나섰겠는가.

겐나이는 내심 야로우에몬이 찾아올 것이라고 계산해 두고 있었던 것이다.

야로우에몬은 문제의 사내 이름을 듣고보니 알 만한 사람이었다. 두 사람 다 세상에 이름이 알려져 있는 남자들이었던 것이다. 단지 두 사람이 대면하기는 처음 있는 일이었다.

"원하신다면 일본의 첫째가는 대부호 야로우에몬 님의 총애하는 아이코를 흔쾌히 돌려드리겠습니다. 처음부터 아이코를 제것으로 할 생각은 없었습니다."

겐나이는 깨끗하게 양보했다. 의외로 일이 쉽게 풀린 야로우에몬은 그냥 물러나가기가 멋쩍었다.

"겐나이 님이 1천5백 냥을 지불한 데 대해 사례금 삼아 5백 냥을 더 얹어드리겠습니다."

두 사람 다 당대의 사나이다운 인물이었다. 기개로 치자면 두 사람 다 대단했던 것이다.

겐나이의 이 엉뚱한 발상은 그가 앉아서 하룻밤 사이에 5백 냥이라는 거금을 쥐었다는 그런 시시한 생각으로 그쳐서는 안 된다.

겐나이가 살던 시대는 구시대 상인은 몰락하고 도쿠가와의 신흥 상인이 출현해 번성하던 때였다.

미쓰이 야로우에몬의 경우도 이러한 신구 교체기 시대에 대중 상업에 성공할 수 있었던 것이다. 그가 하루에 올린 매상이 1천 냥이 넘었다고 한다. 그 시대의 상황으로서나 가능할 수 있었던 일이지, 불경기일 때 그런 큰돈은 쉽지 않은 것이었다.

이 이야기는 불경기일수록 원점으로 돌아가 정석대로 벌어야만 한다는 교훈이다. 그래서 도쿠가와 시대의 오사카 상인은 이렇게 가르쳤다.

"정당한 방법으로 벌어라."

돈벌기 요점

일본은 한국의 6·25전쟁을 통해서 패전 이후 일본 경제의 새로운 국면을 맞이할 수 있었다.

전쟁이라는 특수한 정황에 재빨리 뛰어든 사람들이 돈을 벌었다. 이렇듯 돈이란 평상시의 일상을 통해서 돈을 벌 수 있는가 하면, 특수 정황에서 거액을 거머쥘 수도 있다. 돈에도 유행이 있다면, 바로 변환기에 그 특수 현상이 있고, 거기에 남보다 먼저 뛰어드는 사람에 한몫 쥐는 것은 예전이나 지금이나 같다.

돈을 벌겠다는 사람이라면 예민한 감각의 안테나를 어떻게 돌려야 하는가를 알아야 한다. 시대를 읽고 그 현장으로 뛰어드는 사람만이 돈을 버는 것 역시 분명한 사실이다.

경제의 흐름은 이러한 격변 속에서 그 굴곡이 더욱 심해진다. 그러므로 돈의 흐름이라는 것은 바로 이러한 속에서 이뤄지는 것이다.

마치 어부가 고기떼가 몰려다니는 길목을 알고서 거기다 그물을 쳐놓고, 풍어(豊漁)의 만선(滿船)으로 돌아오는 것과 같다.

2

정보에는
번개처럼

바람둥이라고 해서 사업에 수완이 없으라는 법은 없다. 행실이나 도덕적 측면에서 보면 비난의 대상이 될 수 있지만, 사업에 뛰어난 판단력과 순발력을 보였다면 상인으로서의 기질은 인정해 줘야 한다.

일본에서 대대로 양조업을 하는 집안의 장남이 바로 바람둥이로 골칫거리였다. 지금의 헤이코겐인 이탄에서 양조업을 하는 대단한 재산가였는데, 이 집 장남은 틈만 났다 하면 고급 기생집으로 달려가고는 했다. 그날도 예약을 해놓고 새벽 2시에야 기생집에 도착했다.

간단한 목욕을 마치고 요 위에 몸을 누이려던 참인데, 어딘가에서 문이 드르륵 열리는 소리가 났다. 그러고는 종업원의 말소리가 들려왔다.

"편지가 왔습니다."

이윽고 편지를 받아든 손님인 듯한 사람의 중얼거리는 목소리가 들려왔다.

"이거야말로 한몫 잡을 수 있게 됐군. 간토에 폭풍이 불어 쌀값이 뛰었단 말이지. 그럼, 오사카에 가서 큐슈의 쌀을 모조리 사들이면 되겠어. 큰벌이가 되겠는데, 기분 좋다. 날이 새면 오사카로 가자."

이 소리에 바람둥이의 귀가 번쩍 뜨였다. 그는 벌떡 자리에서 일어났다. 그러고는 기생을 물리쳤다.

마음 같아서는 기생과 더불어 날을 새고 싶었지만, 그러나 분명 저 소리가 확실한 사실이라면 여기서 이렇게 있어서는 안 된다는 생각이 그의 머릿속을 다그치고 있었던 것이다.

그는 서둘러 후쿠미로 가서 그곳 선창에서 배를 타고 오사카로 갔다. 다시 거기서 기타하마에 도착한 것은 오전 10시였다. 그는 곧장 도매상을 뒤져 대량의 쌀을 사들였다.

정오가 되자 예상대로 쌀값이 오르기 시작했고, 그는 불과 2시간 만에 38관이나 벌었다.

여기까지는 다른 사람도 할 수 있는 기지일지 모른다. 그러나 이 바람둥이에게 장사꾼 기질의 피가 흘렀던 것은 분명하다. 그가 취한 다른 행동이 이걸 증명해 주기 때문이다.

그는 쌀값이 오르면 쌀과 관련된 생필수품값도 오른다는 것에 생각이 미쳤던 것이다. 그래서 등기름을 대량으로 사들였는데, 이것도 순식간에 값이 올라 44관이라는 이익을 얻었다.

정보를 흘려듣지 않았고, 그것을 장사로 연결한 바람둥이의 장삿속 머리 회전을 높이 평가해야 한다. 현대는 수많은 정보가 돌아다닌다. 남다르게 빨리 정보에 접근하고 행동으로 옮기는 사람이 남보다 돈 벌 확률이 높아지는 것은 당연하다.

돈벌기 요점

　정보가 넘쳐나는 사회에서 정보의 취사 선택은 매우 중요하다. 잘못된 정보는 오히려 일을 그르칠 수 있기 때문이다. 하지만 정확한 정보를 가려내려면 그 정보의 진위(眞僞)를 판단할 능력이 있어야 한다.

　사업과 장사에 미치는 정보의 영향력이 커지는 사회에서 필수적으로 양성해야 할 능력이 바로 정보 해독력이다. 이를 위해서 분석하고 종합하며 응용해서 정리해 내는 일을 해야 한다.

　아무리 작은 구멍가게라도 오늘의 사회에서는 이러한 적응 자세를 가져야 동종 동업계에서 살아남을 수가 있다.

　인생을 활기차게 사는 사람 중에는 취미를 통해서 다양한 사람을 만난다. 그 사람들에게서 듣게 되는 지식과 정보를 잘 활용해서 사업을 구상할 수도 있고, 또 돈을 벌 수 있는 기획을 할 수도 있는 것이다.

　우리 사회를 들여다보면 다양한 사람들이 모인 여러 규모의 그룹들이 많이 있다. 그들은 정기적인 만남이나 취미 생활을 통해서 여러 가지 정보를 주고받는다.

　정보에 뒤지면 도태될 수밖에 없는 오늘의 현실에서 취미나 즐거움 모임을 통해서 얼마든지 활력을 얻을 수 있는 것이다.

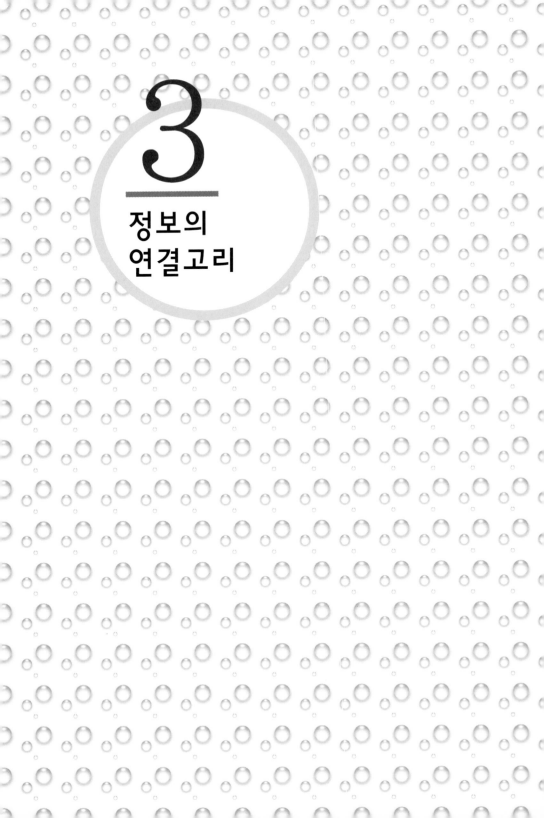

3

정보의
연결고리

현대는 갈수록 정보의 중요성이 더해지고 있다. 이것은 예전에도 마찬가지였다.

"상인이라면 때를 볼 줄 알고, 변화에 즉각 대처하는 기질이 있어야 해."

이렇게 말하며 실천한 상인으로 교토에 살았던 후지야 이치베의 예가 있다.

그는 정보에 힘입어 성공을 거둬 2천 관〔에도 시대의 돈의 단위. 1관은 960문(文, 分)〕을 벌어들인 성공의 대표적인 사람이다.

이 사람 역시 남의 상점에서 일을 하다가 독립해서 나올 때 얼마간의 돈을 주인에게 받아가지고 나왔다. 그가 차린 것은 요즘 말로 하자면 일종의 무역상에 해당하는 것이었다.

그런데 그가 다른 사람과 달랐던 것은 늘 메모하는 습관에 있었다. 그는 못 쓰게 된 종이가 있으면 언제나 뒤집어서는 공책처럼 묶어두었다. 그러고는 늘 이 공책과 함께 먹과 붓을 준비해 두고서 떠오르는 생각이 있으면 그는 여기에다가 모두 적어 놓았다.

뿐만 아니라 에도에서 한 달에 세 번 오는 환(煥)의 종사원에게 에도의 쌀 시세나 상품 시세를 물어서는 꼭 적어놓았다. 그리고 금과 은의 시세도 반드시 적어놓고는 했다. 에도는 금, 오사카는 은이었는데, 그 교환 시세는 장사의 필수적인 지식으로 알아둬야 했다. 물론 하고 있는 본업의 시세도 알아 적어놓았다.

사람이 모이는 곳에는 온갖 소식이 오가며 전해지기 마련인데, 후지야 이치베가 꼼꼼히 기록해 놓는 덕분에 교토 사람들은 무엇가 알고 싶으면 그를 찾아와 묻고는 했다.

이치베는 그런 기회에 이 사람들한테서도 새로운 정보를 얻을 수 있었다. 이렇게 그의 정보량은 점차 모이게 되었다.

어느 해에 그가 나가사키로 물건을 구입하러 나갔다. 멀리 나가사키까지 나가는 터라 그는 속주머니에는 돈을 두둑하게 넣어갔다. 뭔가 장사로 벌이가 될 만한 물품을 찾아봤지만 살 만한 것이 없었다.

이것저것 확인해 보다가 나가사키의 곡물 시세가 무척 싸다는 것을 알았다. 평소에 오사카나 에도의 곡물 시세를 자세히 적어뒀기 때문에 금방 나가사키의 곡물이 싸다는 시세 판단이 설 수 있었던 것이다.

"그렇다. 이걸 오사카로 가져가는 거야."

그는 속으로 외치며 그 즉시 곡물을 사모았다. 시세차를 분명하게 알고 있었기 때문에 그는 오사카로 가져간 곡물로 큰돈을 벌어 두었다.

정보를 중요하게 여겨 돈을 번 또 다른 사람의 이야기도 있다.

나고야에서 쌀장사를 하던 오바시 나가자에몬이 바로 그런 사람이다.

도쿠가와 이에야스가 오사카의 여름 전투에서 도요토미를 무너뜨린 1615년의 이듬해 일이다.

나가자에몬은 장사차 에도로 떠났다. 객지로 출장을 나왔으니 여관에 머물게 되었고, 그곳에서 알게 된 오쿠슈 사람과는 친분이 생겨 함께 관광에 나설 정도로 가까워졌다.

나가자에몬은 그와 헤어질 때 한 가지 제안을 했다.

"만일 오쿠슈에 흉년이 들거나 무슨 변화라도 생기면 즉시 알려주게나. 나 또한 내가 사는 곳의 변화가 생기는 대로 즉시 알려줄 테니 꼭 서로 연락하며 지내세."

상업상의 여러 정보를 서로 교환하자는 제안을 하고 약속을 꼭 지키기로 하고 각자 고향으로 돌아갔다.

그 후 서로 이 약속을 지켰고, 5년이 지난 그 해 9월이었다.

어느 날 오쿠슈의 그 사람이 나고야를 찾아와 나가자에몬의 집을 두드렸다. 물건을 구입하러 왔다는 것이었다. 그러면서 중요한 정보를 전해주었다.

"오쿠슈가 올해는 대흉년일세. 에도로 반출될 쌀은 아마 여느 해의 절반도 못 될 것 같네. 이곳에 오면서 보니 간토 지방도 흉년이 크게 들었더군. 그런데 여기 나고야는 대풍

년이로군."

쌀을 사들여 에도로 보내면 돈을 벌 것이라는 이야기가 서로 오갔다. 나가자에몬은 풍년으로 가격이 저렴해진 쌀을 대량 사들여 시의적절하게 보냄으로써 큰돈을 벌었던 것이다.

정보의 교환이 남보다 앞서 돈을 벌게 해주는 주요한 수단이 된 좋은 예이다.

돈벌기 요점

오늘날의 시대는 인터넷을 통해서 보다 다양하고 빠른 정보를 접할 수 있다. 너무 많고 잡다해서 때로는 정확한 정보의 진위를 판단하기 어려운 문제도 생긴다.

그러나 정보의 중요성은 과거에도 그랬지만 지금은 더욱 그 중요성이 강조되고 있다. 환경과 시대가 너무도 빨리 변하기 때문에 이 변화의 징후를 사전에 감지하지 못하면 둑이 터져 홍수가 넘쳐오는 것조차 모르고 당하는 격이 되고 마는 것이다.

돈을 벌겠다는 것, 사업을 하겠다는 것, 장사를 하겠다는 것은 정보를 놓고 분석하고 종합해서 성공의 가능을 예측하는 것이다. 마치 탐사선이 시추를 해서 매장품이 무엇이며, 그 양은 얼마큼 되는가 하는 정보를 얻어 분석하고 종합 판단하는 것과 같다.

한 걸음 빠른 정보에의 접근은 그만큼 유리한 성공을 보장하지만, 한 걸음 뒤진 결과는 그 정반대가 된다.

과거에는 한정된 정보의 한정된 사람의 접근이었지만, 지금은 대중의 다양한 경로를 통해서 신속하게 이뤄지고 있기 때문에 정보를 다루는 남다른 순발력과 판단력을 길러가야 한다.

4

어디에 가서
배울 것인가

젊은이들은 나이든 사람들의 말은 잘 듣지 않으려는 경향이 있다. 어쩌면 젊은이들이 부모 세대의 나이든 사람들의 말을 듣지 않는 게 상식화처럼 된 것 같다. 과연 들을 만한 게 없기 때문일까?

가와무라 즈이켄(1617~1699)의 경우를 참고삼아 이 문제에 대해 생각해 보기로 하자.

호카이도의 한 여인숙에서 가와무라 즈이켄이 투숙해 있었다. 그의 앞에는 한 나이 많은 스님이 그에게 뭔가를 설득하고 있었다.

청년은 교토로 가겠다고 하고 있었고, 스님은 에도로 가라고 충고하고 있었다.

"아니, 교토에 가서 장사를 배우겠다니, 그건 내가 나서서 막겠네. 교토라는 곳이 예전부터 유명한 도시임에는 분명하지. 하지만 그곳은 문화의 도시일 뿐이라는 거네. 자네가 와카(일본의 고유 형식의 시)를 공부하겠다거나 학문의 길에 들어서서 일생을 연구하며 지내겠다면 교토에 가는 걸 찬성하겠네. 장사는 교토에 가서 배울 수 없지. 교토는 어디까지나 학문의 도시일세. 알겠나? 나를 찾아 모처럼 이곳에 왔지만 자네를 실망시키는 말을 해서 안됐네. 교토 행은 접고 에도로 가서 그곳에서 배우게."

스님의 말은 옳은 소리였다. 도쿠가와 쇼군 아래에서 에도는 바로 무릎이나 다름없었다. 당시의 소비의 중심지는 에도였던 것이다. 게다가 도쿠가와 가문인 다이묘의 집안 사람들이 모두 에도에 살고 있었다. 어떻든 장삿거리가 풍부하고 상품도 풍부했으며, 도시 자체가 활기에 넘치고 사고 파는 상업이 활발한 도시였던 것이다.

청년은 얼핏 보기에 문화의 도시인 교토에 가면 장사를 잘 배울 것처럼 여겨졌던 것이다. 게다가 장사로 청운의 꿈을 꾸는 젊은이로서 희망적인 관측은 얼마든지 당연할지 모른다.

본래 가와무라 즈이켄은 13세에 에도로 나와 친척집에서 살면서 수레꾼이 되었다. 그럭저럭하고 있으면 에도에서 살 수 있겠지만, 아직 미숙한 젊은이로서 미래가 보이지 않았던 것이다.

'에도에서 살 길이 잘 안 열리면 교토가 있다'라는 생각이 이 청년을 사로잡고 있었다. 누구나 그렇게 생각할 법한 것이다. 어쩐지 교토로 가면 인생이 잘 열려줄 것 같고 성공할 것 같은 환영이 그를 떠밀고 있었다. 마치 교토로 가는 게 운명처럼 여겨지기까지 했다.

그렇다. 스님은 지금 이런 가와무라 즈이켄을 대하고는

위험하게만 보였다. 세상의 이치를 터득하고 인생 경험을 쌓은 그의 입장에서 보면 젊은이의 뜻은 가상해 보이지만, 막을 수밖에 없었다.

결국 가와무라 즈이켄은 발길을 돌이켜 에도로 돌아갔다. 나이든 사람의 말을 따라준 것도 이 젊은이로서는 칭찬받을 만한 일이었다. 에도에 다시 눌러앉아 그는 장사를 배워 갔다. 그렇게 해서 당대의 부자 상인으로 성공을 이루어 냈던 것이다.

돈벌기 요점

위대한 용기를 갖고 도전한 사람들에게서 공통적으로 발견되는 것은 그곳이 어디든 찾아갔다는 점이다.

소박하게 농사를 지으며 오순도손 살겠다면 시골에서 살아도 좋지만, 보다 원대하고 큰 사람으로 성장하겠다면 작은 울타리 속에서만 살아서는 안 된다.

형편과 사정이 좋지 않다고 현실만 탓할 게 아니라 맨주먹에 빈 호주머니의 현실이라고 해도 세계 어디든지 가서 당당하게 꿈을 이루겠다는 의지를 갖고 있어야 한다.

꿈을 이루고 성공했다는 사람들의 일생을 살펴보면 한결같이 맨주먹에 빈 호주머니였지만, 마침내 뜻을 이뤄냈다는 사실이다.

어떻게 해서 그들은 남다르게 할 수 있었던 것일까? 그들이 우리 평범한 사람과 달라서만은 아닐 것이다.

성공적인 삶을 살기를 바라고 큰 재산을 벌겠다는 꿈을 꾸는 것은 당연한 꿈이기도 하다. 오늘날과 같이 경제 규모가 세계화되고 거대해지는 시대에 도전과 용기, 의지를 갖는 사람은 분명 우뚝 정상에 설 수 있을 것이다.

5

돈 잘 벌리는
입지를 찾는 요령

어느 곳을 택해서 장사를 하느냐의 문제는 정말 신경쓰이는 일이다. 입지적인 조건이 좋아야 장사가 잘 된다는 것은 상식이지만, 말처럼 그렇게 쉽지가 않기 때문이다.

다음 이야기를 통해서 입지적인 조건을 어떻게 풀어가야 할지를 알아보자.

일본에는 절이 많다. 석가가 불교를 전파하기 위해서 어디를 근거로 삼았는가를 생각해 보는 것도 좋을 것이다.

6세기 경 석가는 코살라 왕국의 수도를 전파의 기지로 삼았다. 그것은 혜안이라고 할 수 있다. 수도인 사위성은 상업의 중심지로, 상업의 교통로가 사방 팔방으로 통하고 있었다. 인도의 북방 중심지로서 형성되어 있었던 것이다.

상업이 번성하고 있는 곳은 자유와 새로운 정신이 넘쳐나는 곳이어서. 전통이나 인습에 사로잡힌 곳이 아니라고 할 수 있다. 사람들이 빈번하게 왕래함으로써 장사가 잘되고 돈도 풍부하기 마련이다.

석가가 진리를 설파하기 위한 입지적 장소로 사위성을 택한 것은 아주 좋은 착안이라 할 수 있다. 돈 많은 상인들이 석가의 진리를 따르게 되었고, 필요한 자금도 충분히 조달할 수 있게 된 것이다.

번화가 도심지에서는 수도(修道)를 하기에 적합하지가 않다. 근교의 한적한 곳이 오히려 입지적 조건으로는 바람직한 곳이 되는 것이다.

한 부자가 근교에다가 절을 지어 석가에게 기증했다. 이곳이 저 유명한 '기원정사' 이다.

이후 불교가 크게 융성하며 전파되어 나갔다. 석가의 착안과 혜안을 입지적 조건이니 하는 말로 표현해서 속된 견해라 할지도 모르지만, 진리의 전파는 사람을 통해서 이뤄지는 것이다. 사람이 많이 모여드는 곳, 번성한 곳, 이른바 교통수단이 잘 된 도심지가 적합할 수밖에 없다.

석가의 생각에는 다른 사람이 미처 생각 못한 합리성이 있었다. 우리도 이런 점을 본받는다면 장사의 입지적 조건을 해결해 나갈 수 있을 것이다.

그 유명한 나카무라야나 이세탄도 좋은 입지를 남보다 먼저 선택한 사람이다. 나카무라야나는 혼쿄에서 신주쿠로, 이세탄은 간다에서 신주쿠로 이렇게 이전해 갔던 데에는 입지적 조건이 장사를 번성시킨다는 생각에서였다.

성공을 거두기 위해서는 어디가 좋을 것인가 라는 점을 염두에 두고 항상 끊임없이 생각을 해야 한다. 사물을 관찰하고 환경의 변화를 면밀하게 보는 눈, 그리고 합리적인 판단력, 이런 것들이 기초가 되어 성공을 향한 질주를 할 수 있게 되는 것이다.

　젊은 시절은 한 번밖에 없다. 젊은 나이에는 강한 의욕이 있는가 하면 미래에 대한 불안으로 망설이는 경향도 강하다. 미래를 알지 못하기 때문에 불안한 것은 당연하다. 하지만 젊은 시절에는 꿈과 용기와 넘치는 활력이 있기 때문에 이것들을 하나로 뭉쳐서 상인으로서 체질을 갖춰가야 한다.

　그리고 장사의 성공에는 핵심적인 요소가 있으므로 그것을 놓치지 말아야 할 것이다. 그 중에서 '어디에서 팔 것인가?' 라는 문제를 잘 풀어가는 상인이 성공한다는 것임을 잊지 말자.

돈벌기 요점

　역사상 정권의 변동이나 혁명, 개혁에 따르는 정책으로 도읍을 다른 곳으로 정해 이동하는 것을 볼 수 있다.

　새로운 땅, 새로운 곳에서 새로운 이념이나 방향을 펼치려고 하는 것이다. 새 도읍으로 사람들이 모여들면 그곳에서 새로운 기운이 일어나고 새로운 활기가 넘쳐나게 된다. 경제도 이곳에서 활성화되어 사람들의 왕래와 물류가 활발해지기 마련이다.

　이러한 변환기에 재빨리 눈을 뜨는 상인은 목 좋은 곳을 선점하거나, 성공하는 사업가는 새로운 변화에 따르는 사업을 펼칠 수가 있다. '어디에서'라는 것은 그곳에 사람들이 모여든다는 것을 전제로 하기 때문에 모든 돈벌이의 기본 방침은 사람이 모여드는 포인트를 찾아 기획되고 실현되어야 하는 것이다.

　따라서 아무리 작은 구멍가게라도 이 점을 망각하지 말아야 한다.

6

적정 가격을
찾아라

오사카와 에도의 상인들은 서로 다른 차이가 있다. 오사카는 돈을 벌기가 쉽지 않은 곳인데 상인들은 돈을 착실히 모으고, 반면에 에도는 벌기는 쉽지만 이상하게도 그곳 상인들은 별로 돈을 많이 벌지 못한다.

왜 이러한 현상이 나타나는지 생각해 보는 것도 재미있을 것이다.

오사카 상인들은 이익을 적게 남기는 대신에 많이 팔려고 했다. 이것은 이익을 적게 남기기 때문에 금방 손익이 나타난다. 어디서는 손해를 봤고, 어디서는 본전이었고, 어디서는 얼마간 남았다는 계산이 훤히 보이게 되는 것이다.

즉 '손익 분기점'이 잘 보인다는 것을 뜻한다. 오사카 상인들은 이러한 분기점을 확실히 알고 장사를 하기 때문에 장사다운 장사를 하게 되는 것이다.

사실 매상고에만 정신이 팔린 장사꾼이라면 상인으로서의 자격이 있다고 할 수 없다. 이 선에서는 손해, 이 정도면 약간의 이익이 있다는 자세를 가진 사람이 진정한 상인이라는 말이다.

손익 분기점을 분명히 알면서 장사한 경우의 이야기에 다음과 같은 실화가 있다.

에도 시대, 조반교에서 곧장 뻗은 무로마치와 텐바초 일대는 상점이 즐비한 거리였다. 그런데 이곳에 옷가게가 둘이 있다. A 상점은 교토의 니시진에서 구입한 옷을 매상에만 신경을 쓰면서 싸게 팔다보니 가게 안에는 언제나 손님이 많았다.

반면에 B 상점은 손님이 적었다. 하지만 상점은 매상에만 신경쓴 게 아니라 손익 분기점을 분명히 내다보면서 적정선에서 팔았다.

연간 이익을 결산해 보면 B가 A보다 10배의 돈을 벌고는 했다. A는 손익 분기점을 염두에 두지 않고 팔았기 때문에 이른바 앞으로는 벌고 있는 것 같지만 실제 뒤로는 손해 보고 있었다는 소리이다.

이런 실화에 그냥 웃을 일이 아니다. 남들이 보기에 겉으로는 돈을 많이 버는 것 같아 보이는 장사꾼이 있다. 그런데 껍데기만으로 요란한 상인이 제법 있다는 뜻이다. 손익 분기점에 대한 인식을 부족하기 때문에 이런 일이 생기는 것이다.

또 1687년 경에 다음과 같은 일화가 있었다.

마고 헤이지라는 사람은 밀떡을 만들어 파는 장사꾼이었다.

하루는 이 주인의 가게 앞에 멋진 가마 한 대가 와서 멎었다. 내리는 사람을 보니 하다모토(에도 시대 장군에 직속되어 있던 무사)여서 깜짝 놀랐다. 아마노 미고우에몬이라는 무사였다. 그는 밀떡을 사서 챙기고는 불쑥 한 마디 하는 것이었다.

"와보니 소문이 이처럼 자자할 줄은 몰랐네. 맛이 있어서 계속 먹기는 했지만 말일세. 그런데 그대가 세상 소문에 자만심이 가득해서 값을 올리려고 한다면 그때는 장사가 끝장인 줄 알게나. 그 이유라는 것은 다른 데 있지 않지."

즉, 값도 알맞고 맛도 좋다는 뜻이었다. 거기에 팔리기도 잘 팔리고 있었던 것이다. 맛이 있고 값도 인정할 만한 것이면 사람들이 몰리기 마련이다. 그런데 상인이 돈을 벌면 권력을 쥐기라도 한 것처럼 자만해지고 거들먹거리게 되는 것이다. 그래서 값도 마구 올리거나 친절이 전보다 못해지는 경우도 흔한 일이다.

하지만 세상에는 하나의 법칙이 있다. 자만한 주인에게는 점차 손님은 불평하게 되고 인기는 떨어져 언젠가는 장사가 안 되는 날이 오고 만다는 사실이다.

이 무사가 밀떡을 사가면서 애정어린 충고를 해준 것이다. 자만한 나머지 값을 올리게 되면 장사가 쇠퇴할 것이니 이것을 명심하라는 의미였다.

마고 헤이지는 미고우에몬이 일부러 먼 곳에서까지 와서 이러한 충고를 해준 게 너무도 고마웠다. 그는 그 이후 값을 올리지 않고 더욱 열심히 정성들여 장사를 했다. 이렇게 해서 갈수록 손님이 많아 종업원을 늘려야 했으며, 마침내 에도의 밀떡은 일본의 명물이 되었던 것이다.

사실 판매 가격이라는 것은 업종에 따라 다르기는 하겠지만, 결정은 주인 마음대로 할 수 있다. 그러나 거기엔 분명한 사실이 있다. 상인이라면 원가가 얼마가 들어가고, 인건비며 통상적인 비용이 얼마가 나가고 하는 것들을 파악해 얼마간의 이익을 붙인 가격을 매기게 된다.

바로 이때가 중요하다. 만일 통상적인 가격보다 이익을 조금 덜 보는 쪽으로 가격을 매겨 판다면 손님을 위하는 일이 되고 단골도 늘게 될 것이다.

상인다운 사람들의 입에서 종종 나오는 말로, 〈상인의 수칙〉에는 다음과 같은 것이 있다.

① 상업의 근본은 수익에 있다.
② 흥정은 수치가 아니다.
③ 상인이 파산하는 것은 낭비 때문이다.
④ 상인의 제일 큰 손실은 본전을 잘라먹는 데 있다.

장사를 하겠다는 사람이라면 이러한 사실을 명심해야 할 것이다.

돈벌기 요점

돈을 번다는 것은 돈을 착실히 모아간다는 말이기도 한
다. 하루아침에 벼락부자가 되는 사람치고 그 부가 오래 가
지 않음은 앞서도 이야기한 바 있다.

사람은 자기가 피땀 흘린 돈에 대해서 애착을 갖게 되고,
소중한 마음을 기울여 잘 번식되게끔 꾸준히 노력해야 한
다. 장사가 안 된다거나, 잘 되는 장사가 망한다거나, 부진
해진다거나 하는 데에는 외부 상황의 변화도 있지만 그 근
본은 자신에게 있다는 점을 새겨두라.

흔히 인용되는 말로 로마가 무너진 것은 외부의 힘이 아
니라 내부의 부패 때문이라고 일컬어지는 것도 바로 이런
것을 두고 하는 말이다.

결국 욕심이 과해지거나 방심하거나, 낭비나 퇴폐에 빠
질 경우, 그 원인은 외부가 아니라 바로 내부라는 자신에
의한 것이기 때문이다.

그러므로 자신이 지금 어떤 모습을 하고 있으며, 어떻게
하고 있는가를 살피고 경계하기를 게을리하지 말아야 한
다. 성공해서 번영하는 것도 중요하지만, 그것을 어떻게 지
켜서 더욱 번성해 가느냐도 고심해야 할 일이다.

7

암산법에
도통하라

오사카 상인의 핏줄이라면 분명한 상인으로서의 행동 원점이 있다. 바로 '정리와 돈 계산'이다.

이 조건을 갖추지 못한 상인이라면 오사카 상인이라고 할 수 없다. 그런 사람은 '정리가 잘 안 된다' '돈 계산이 어둡다' 이렇게 말할 수 있다.

어디까지가 이득이고, 어디서부터 손해인지 즉각적으로 판단을 내리지 못하면 상인으로서는 실격 판정을 받아야 한다.

오사카 상인들의 인사법은 그냥 '안녕하십니까?'가 아니다.

"좀 벌었는가?"

그들은 이 말이 늘 입에 붙어 있었다. 자나깨나 머릿속에는 돈벌이가 떠날 때가 없다는 것이 이런 인사 말투에서도 나타나는 것이다.

미쓰비시 신탁은행에 입사한 젊은 행원의 에피소드가 있다.

이 은행원은 오사카 지점에서 근무가 시작되었다. 대학

을 나온 지 얼마 되지 않은 신참이 오사카 상인의 회전 빠른 계산에 당할 재주가 없었다.

"이 돈을 금전 신탁으로 맡기면 5년 뒤에 얼마가 되지?"

이런 질문이 떨어지자마자 아무리 신참이라고 해도 대답이 곧바로 떨어져야 하는데, 그는 쭈뼛쭈뼛 제대로 대답을 못 하고 있었다. 그러자 오사카 상인은 주판을 그에게 밀어 주었다.

"여기 주판이 있소."

5년 뒤의 원리금 합계며 이자를 계산해 내느라 이 신참이 진땀을 흘렸던 것이다. 지금이야 계산기로 두드린다고 해도 이래서야 될 일은 아니다.

하지만 오사카 상인은 이미 머릿속 암산으로 이자며 원리금이며 합산 계산이 되어 있었다. 상인은 그들 나름대로 '이자 암산법'을 터득해 놓고 있어서 순식간에 암산 처리하는 능력을 갖고 있는 것이다.

돈이 돈을 벌어준다는 말은 돈을 어떻게 활용하느냐에 관한 말이다. 돈을 버는 것도 중요하지만, 들어온 돈을 어떻게 굴려가야 하는 것도 매우 중요하다.

'속셈'은 국어사전에는 '마음속으로 하는 셈'이라고 설명되어 있는데, 상인이라면 마음속으로 하는 계산, 즉 '흉산(胸算)'이라는 능력을 갖추고 있어야 한다.

상인이라면 계산에 빈틈없어야 한다. 진정한 상인의 길은 같은 값이라도 더 많은 수익률을 올리려는 마음자세를

갖추고 있어야 한다는 얘기다. 돈의 성질을 알고 그 돈의
성질에 맞는 계산이 빨리 되어야 한다는 뜻이다.

돈벌기 요점

일을 벌여놓고 얼마간의 일정 기간을 두고 정리해 보는 습관을 들이지 않으면 이익을 남기고 있는지, 어딘가로 돈이 흘러나가고 있는지 알지 못한다.

돈 계산이 어두운 사람이 사업이니 장사니 한다는 것을 어불성설이다. 장사의 뒷정리를 잘 하고 계산을 정확하게 하는 것은 돈의 성질 때문이다.

그러니까 돈을 잘 버는 사람은 돈의 성질을 제대로 파악하고 있으면서 그 돈의 성질에 따라 박자를 맞추고 호흡을 같이하는 것을 말한다.

투자를 해서 얼마 기간에 얼마를 벌고, 그 수익금의 얼마를 다시 어떻게 쓰며, 그 나머지의 활용은 무엇으로 하느냐에 따라 돈의 증식력이 달라지는 것이다.

우리는 어쩌면 돈의 성질을 모른 채 돈이 가져다 주는 부유만을 꿈꾸고 있는지도 모른다. 마치 축구공의 성질을 잘 알아서 발 움직임의 기초를 닦은 선수가 공을 잘 차고 제어할 수 있는 원리와 마찬가지이다.

돈에는 고유의 성질이 있으므로 이것에 적극적으로 따르는 상인이야말로 성공할 수 있게 된다.

8

아이디어맨의
도전법

1 폭넓게 사람 사귀기

도쿠가와 시대의 오사카 상인들도 귀족과의 교제를 중요시했다. 하지만 신분이 천민인 상인들은 귀족과의 접촉을 위해서 남다른 노력을 해야 했다. 그들은 특히 다도(茶道)를 통해서 교제를 이룬 경우가 많았다. 고문서의 기록에 이런 글이 있다.

"평소 거래 관계가 있는 다이묘가 일을 보러 가는 길에 오사카에 들렀을 때 그에게 보여준 차 도구류 가운데에서 흙으로 만든 도기 중에서 깜짝 놀란 명기가 있어 다이묘의 기분이 아주 좋았다."

하카다의 호상 시마이 소시쓰(1539~1615)는 다도의 한 경지에 이른 사람이다. 거액을 들여 유명한 찻잔을 구해서 오다 노부가(1534~1582)와 도요토미 히데요시(1536~1598)에게 접근했다.

가미야 소탄(1551~1635)도 다도를 통해서 히데요시와 친해질 수 있었다.

그리고 정치가 오쿠보 도시미치(1830~1878)는 정략가인 시마즈 히사미쓰(1817~1887)에게 접근하기 위해 바둑을 배웠다.

자나깨나 일밖에 모르고 열심히 하는 것 같은데 오히려 일이 잘 안 풀리는 경우가 많이 있다. 상인에게 있어서 정신적 성장이 멈춰 버리면 벽에 부딪히게 마련인데, 자신의 성장을 위해서는 인간성의 폭을 넓힐 필요가 있다. 그러므로 상인은 적당한 방법으로 일 이외의 취미를 갖는 게 좋다.

상인에게 있어서 어디까지가 취미이고 어디까지가 오락이냐 라는 까다로운 질문을 할 수도 있다. 상인은 생계를 유지하기 위해서 돈을 벌지만, 마음의 여유를 가졌을 때에 장사도 더욱 잘될 수 있기 때문에 교제는 매우 중요하다.

취미를 통해서 일과는 관계 없는 다른 분야의 사람도 만날 수 있고, 이러한 타인과의 교제는 자기계발과 성장에 커다란 도움을 주기 때문이다.

"죽을 때까지 평생 누군가에게서 배운다."

돈을 벌수록, 생활이 나아질수록 훌륭한 상인이라면 배우고 또 배워야 한다. 훌륭한 사람을 보면 그에게는 뛰어난 취미를 꾸준히 해온 것을 알 수 있다.

2 시간에의 도전

장사를 한다, 경영을 한다 라는 말은 시간에의 도전을 말하며, 관리라 할 수 있다. 시간에의 도전이라는 것은 '지체하지 않는 것,' 즉 '미루지 않는 것'을 말한다.

만일 급히 서두르는 일이 생겼다면 그것은 이미 늦었기 때문에 생겨나는 것이다. 늦지 않았다면 그렇게 서두르지 않아도 된다.

그렇다면 늦어진 이유를 분석해서 대처해야 한다.

오늘날을 스피드 시대라고 한다. 이런 현실에서 어떤 일이 늦어지게 되면 성공보다는 실패 쪽으로 기울어질 수밖에 없다.

일을 처리하는 합리적인 방법, 즉 지연시키지 않고 빨리 일을 처리할 수 있는 방법을 고안하도록 하자.

또 훌륭한 관리가 되어 있다 해도 관계자가 태평스럽게 시간을 보낸다면 스피드 업(Speed up)은 이뤄질 수 없다.

일이란 사람이 하는 것이므로 스피드는 사람의 손에 달렸다. 여기에 정보 수집이나 처리에 있어 서투르기 때문에 생길 수도 있다.

그러므로 상인이라면 시간과의 싸움의 정체가 무엇인지 명확히 알아두어야 한다.

3 다른 업종에 대해서도 배워두기

"나는 빵장사를 하니까 속옷장사의 사정 같은 건 알 필요 없어."

이런 태도는 바람직하지 않다.

이 두 종류의 장사는 분명 다르다. 하지만 장사라는 점에서 같고, 장사라면 거기에는 공통점이 있기 마련이다.

우선 공통점을 알아두고 나서 다음으로 이질적인 것을 알아보자. 그 이질적인 것에서도 공통점이 있다는 걸 발견하게 된다.

경험하지 못한 다른 업종에 대해서 공부해 두는 것도 경험이나 지식으로 갖춰두는 게 좋다.

한 가지 업종으로 평생을 가는 경우도 있지만 때로는 가다가 업종 변경을 할 때도 있다. 만일 새로운 사업을 시작하더라도 다른 사람에 비해 성공률을 높일 수 있는 것이다.

이렇듯 귀찮다고 무심히 넘어갈 일이 아니라 연구하고 분석하며 배우는 습관을 키워야 한다.

모든 일에 '왜 그런가', '어떻게 된 일인가', '어떻게 될 것인가'를 곰곰이 생각해 보는 습관을 들이자. 이런 것은 책을 읽는 것과는 다른 훌륭한 수업이라 할 수 있다.

4 도움이 되는 기초 지식 쌓기

박식하다고 해서 반드시 장사를 잘할 수 있는 것은 아니다. 만물 박사라는 별명을 가지고 퀴즈 프로에 나가면 1등할 만한 인물이 우리 주변에 종종 있다.

종합 경기장에 화장실이 몇 개 있다거나, 국립극장 건설비는 좌석당 얼마가 소요된다든가, 전체 인구 가운데에서 결혼 적령기의 남녀는 얼마라든가, 이런 것들을 줄줄 외우고 있는 사람도 있었다.

그러나 이런 종류는 심심풀이 지식에 불과하다. 장사나 경영에 도움이 되지 않는 쓸데없는 지식은 소용이 없다. 상인으로서 필요한 것은 장사에 응용할 수 있는 지식이다.

5 어디서 팔 것인가

미국의 정육업자로 스위프트(1839~1903)라는 사람이 있었다. 스위프트 회사를 설립해 고기 통조림과 식육(食肉)의 세계적인 회사로 키웠다. 그의 창업 이야기 가운데에서 입지적인 조건을 얼마나 면밀하게 검토했는가는 아주 좋은 규범이 되어줄 것이다.

미국의 주식은 고기류이기 때문에 막대한 양이 필요했다. 1세기 전만 해도 미국의 식육업이라는 것은 기껏 가내공업적인 것이었다. 이러한 때에 대량생산 방식을 고안해 내고 이것을 실현한 사람이 스위프트였다.

그가 태어난 곳은 보스턴에서 조금 떨어진 곳이었다. 위치로는 코드곶의 모래땅과 송림뿐인 곳에서 태어나 어린 시절을 보냈다. 어려서부터 고기를 팔기 시작하면서 신선하고 좋은 질의 고기를 팔기 위해 여러 가지 연구를 했다.

스위프트의 머릿속에서 가장 고심한 것이 '어디에서 팔 것인가?' 였다. 성공의 절반 이상이 입지라고 생각하고 주변을 둘러보았다. 자기의 고향은 적합하지 않았다. 곶은 바다로 길다랗게 뻗은 곳으로 적당하지 않았던 것이다.

가축을 구하기 쉬운 곳으로 가야 한다는 생각을 하고 70마일 북쪽에 있는 프린스턴으로 가기로 했다. 그곳에는 유명한 가축 시장이 있었다. 사업을 크게 일으키려면 가축을 쉽게 구할 수 있는 곳에서 사업을 시작하기로 했다.

그는 행동으로 옮기기 전에 다음과 같은 것을 구체적으로 정리했다.

① 우선 코드곶의 남쪽 끝 이스트햄으로
② 다음에는 코드곶의 서쪽 마을로
③ 다시 몇 마일 동쪽에 있는 마을로
④ 보스턴 서쪽 40마일의 랭커스터로
⑤ 여기에서 가까운 크리턴으로
⑥ 프린스턴으로 이주, 도살용과 수출용 가축 구입에 종사
⑦ 가축 공급지에서 가까운 곳에서 살기 위해서 알버니로
⑧ 그리고 시카고로.

그가 시카고로 간 것은 그곳이 최대 공급지라 여겼던 것이다. 이때에 그는 또 이런 생각도 했다.

'철도라는 새로운 교통 수단이 생겨난 걸 적극 활용해야

해. 값싼 소를 동부로 이송하면 돈을 벌 수 있지. 그렇다면 시카고로 가자.'

스위프트는 빈번한 이주 끝에 최종적으로 결정한 곳이 시카고였다. 이때 그의 나이 35세였다. 시카고에서의 정착이야말로 스위프트가 세계적인 식육회사로 번영하게 된 결정적인 계기가 되었다.

물론 잦은 이사 때문에 아내의 반대가 심했다. 그는 그런 아내를 설득하느라 진땀을 빼야 했다. 그러나 만일 그가 고향 코드곶에서 하루하루 생각 없이 장사를 했다면 세계적인 식육회사는 실현되지 않았을 것이다.

"고기를 팔려면 시카고로 가야 한다."

그의 생각과 신념은 하루아침에 된 것이 아니라, 앞서 말한 과정을 통해서 명석한 판단을 내릴 수 있었던 것이다.

아모어 제육회사의 그 설립자 던포드 아모어도 마찬가지였다. 그도 식육업에 성공하려면 시카고로 가야 한다고 판단해서 시카고로 이주해 크게 성공한 인물이다.

그는 뉴욕의 가난한 소작인의 집에서 태어나 농사일을 하다가 20세가 되자, 돈을 벌겠다는 생각으로 캘리포니아로 갔다. 일확천금을 꿈꾸고 그가 손을 댄 업종은 금광이었지만, 그만 실패하고 말았다.

본래가 농촌 출신이었으니 다시 그는 생각을 돌려 식육에 관심을 갖기로 했다. 농업용 가축에 대한 지식과 체험이 있었으므로 농가와의 거래는 순조롭게 풀려나갔다. 그는 고기를 통조림으로 만들기로 하고, 시카고를 중심으로 사업을 펼쳐 크게 성공했다.

1백 년 전 당시는 서부가 눈부시게 발전하고 있었다. 사람들이 모여들고 활발하게 움직이는 곳에 돈도 풍부하게 있게 마련이다. 상품이 잘 팔리고 돈을 벌 수 있는 곳도 바로 그런 곳이다.

스위프트나 아모어 두 사람 모두가 이러한 성공을 거둔 데에는 어디에서 팔 것인가 라는 것을 염두에 두고 끊임없이 생각을 했기 때문이다. 사물을 관찰하고 환경의 변화를 면밀하게 보는 눈, 그리고 합리적인 판단력, 이런 것들이 기초가 되어 성공을 향한 질주를 할 수 있게 되는 것이다.

6 정보와 사통 팔달

그리스 로마 신화에 나오는 신(神) 중에 헤르메스가 있다. 헤르메스의 모습은 모자를 쓰고 있고, 날개가 달려 있으며, 신발에도 날개가 붙어 있다. 여행이나 통신을 담당하는 신이었는데, 상인의 수호신이기도 하다. 그 어느 신보다 빠르다는 데서 헤르메스가 상인의 수호신 역할을 담당했다고 보아도 좋을 것이다. 상인이라면 남보다 빨라야 한다는 것은 이런 신화 속에서도 나타나 있는 것이다.

인도의 승려가 이러한 통신 수단을 담당했던 예가 있다.

발라바(1479~1531)라는 세속적 교단에서는 신도들 중에 상당수가 상인들이었다고 한다.

이 교단의 승려는 멀리 떨어져 있는 다른 상업 단체와의 연락을 잘 수행했던 것이다. 신도로서의 상인들을 상업적 이익과 신앙을 잘 융합시켜 주었다. 즉, 통신 연락에 의한 정보 제공을 해준 것인데, 정보가 상업의 근본 가운데에 하나라는 것은 이처럼 예부터 있어 왔던 것이다.

세계적 거상(巨商)인 로스차일드의 다섯 형제를 보아도 정보에 관해서는 얼마나 뛰어났는가를 알 수 있다. 프랑크푸르트의 상인으로 출발한 이 가문의 장남 압셀름은 독일의 프랑크푸르트, 차남 솔로몬은 오스트리아의 빈, 3남 네이단은 영국의 런던, 4남 칼은 이탈리아의 나폴리, 막내 제임스는 프랑스의 파리, 이렇게 전유럽에 흩어져 서로 정보 교환을 했다.

로스차일드의 가문이 세계 경제계의 막강한 세력자로 등장하게 된 것도 바로 정보 수집의 힘이었던 것이다. 남보다 많은 정보량과 정확성, 그리고 신속한 정보의 접근은 경영 정책 수립에 남보다 한 발 앞서 가는 경영을 할 수 있는 것은 두말할 나위 없다.

이들 다섯 형제가 결국은 국제적인 협력하에 막강한 경영 전략을 펴나가는 앞에서 다른 사람들은 완전히 두 손을 들 수밖에 없었던 것이다. 그들의 초창기는 통신수단이나 교통수단이 지금과는 전혀 달랐던 시대였다. 당시의 우편배

달부보다도 더 빠른 그들 가문의 통신원은 그 누구보다도 먼저 영·불 해협을 오가며 귀중한 뉴스를 로스차일드 형제는 서로 교환을 했던 것이다.

1815년 6월 워털루 전쟁에서 연합군이 나폴레옹 군대를 격파했다. 이때에 이 소식을 그 어느 누구보다도 먼저 입수한 것이 로스차일드 일가였다. 로스차일드는 전쟁터에까지 연락원을 침투해 두었던 것이다.

3남인 네이단은 이 정보를 기반으로 해서 런던의 증권 시장에 과감하게 투자해 크게 돈을 벌어들였다. 이 가문은 상인으로서 정보의 중요성을 남다르게 인식하고 있었기 때문에 성공이 가능했던 것이다.

저 유명한 실크로드는 정보가 오가는 경로였다. 그 먼 곳을 마다하지 않고 중국의 비단을 사러 나섰던 페르시아 상인들, 지중해 안팎을 마다하지 않고 항해하며 다녔던 페니키아 상선, 타크라마칸 사막을 두려워하지 않았던 대상(隊商)들, 이들은 이익을 찾아서는 모험과 위험을 마다하지 않았던 용감하고도 상인 정신이 뛰어났던 장사꾼들이었다.

그들이 왜 그렇게 목숨을 걸다시피 하고 돌아다녔던가? 정보는 가만히 앉아서 들어오는 게 아니기 때문이다. 온갖 역경과 고생을 뚫고 나갔을 때 거기 존재하는 정보에 남보다 한 발작 다가설 수 있는 것이다. 정보의 중요성을 알았던 그들이기에 위험과 모험을 헤쳐나갔던 것이다.

7 적정 가격의 효과

뉴욕의 머시 백화점 판매점의 가격표에는 언제나 우수리 숫자가 붙어 있다. 이를테면 98센트로 붙인 것이다. 그냥 1달러 하면 계산하기도 쉬운데 굳이 1~2센트라는 하찮은 값을 내린 것 같지만, 손님에게는 싸게 팔겠다는 의지가 이 가격에서 보여지고 있는 것이다. 이것도 장사꾼으로서의 멋진 상술이다.

다이아몬드를 할부로 팔았다면 어떻게 되었을까? 시어즈 로버크라는 사람은 실제로 이렇게 해서 크게 벌었다. 그는 가구류를 월부로 팔기도 한 상술의 귀재였다.

뉴욕의 5번가 티파니에서 그는 보석 값을 다른 곳보다 싸게 팔고, 물건을 판 이후의 서비스도 남보다 저렴했다. 그러면서 정가 판매를 실시했다.

또 사이먼 라잘라스는 3천 달러를 쥐고 장사를 시작했는데, 그는 특이한 광고를 했다.

'제일 값이 싼 상점'

'균일 가격의 상점'

'전 상품 적정 가격'

이런 가격의 노하우가 바로 매상으로 연결되었음은 두말할 나위 없었다.

또 마셜 필드 회사에서는 지하에다가 판매장을 열고, 상품을 정가 이하로 팔았다. 값을 흥정해 깎는 시대에 오히려 회사가 정가제로 손님을 끌어들이는 데 성공했던 것이다.

위의 사례들에서 하나같은 공통점은 적정 가격에 있다. 어떻게 적정 가격을 정하면 손님의 마음에 드는 것일까를 끊임없이 연구한 결과였던 것이다.

9

손님의
이목을 끌어라

1 손님의 이목을 끄는 5가지 기본 요소

(1) 자극을 준다

시선을 끌 수 있는 자극이 있어야 한다. 눈을 자극하고 마음을 자극하는 게 중요하다.

우선 문자에 의한 자극이 좋다. 여기에 그림을 곁들여서 기발한 문안을 만들면 더욱 좋다.

멋진 캐치프레이즈를 사용한다면 사고 싶은 욕망을 불러일으킬 것이다. 고객으로 하여금 살 필요가 있다는 느낌을 갖게 한다면 성공한 것이다.

(2) 미적 감각을 준다

보아서 아름다운 것은 사람의 시선을 끈다. 좋은 광고 문안은 고객의 마음에 미적인 감동을 불러일으킨다.

(3) 반복한다

'계속 떨어지는 물방울이 바위를 뚫는다.'

이 격언처럼 사람의 마음에 깊게 심어지게 하기 위해서는 반복이 최고다.

(4) 새롭게 의장(意匠)을 갖춘다

반복이 오래되다 보면은 진부해진다. 싫증을 내게 되면 평범하게 되고 만다. 그러므로 독창적인 디자인은 이러한 평범성을 극복할 수 있다. 남이 흉내낼 수 없는 디자인을 개발하는 것이 비결이다.

(5) 광고하기 전에 챙겨야 할 것들

㉠ 상품명 : 간단하며 쉬우며 기억이 잘 되는 이름이 좋다. 저질스럽다거나 복잡한 이름은 바람직하지 않다. 이것은 마치 주소가 분명하지 않아 수신인을 찾지 못해 우체국에 남아 있는 우편물들과 같다.

㉡ 상품 진열 : 진열도 일종의 광고와 다름없으므로 매우 중요하다. 잘 된 진열 앞에 서면 사고 싶은 욕망이 생겨난다. 아름다움을 주는 진열은 고객으로 하여금 사고 싶은 충동을 불러일으킨다.

그런데 아름다움을 주고 욕망을 불러일으키는 미적 요소에는 세 가지가 있는데, 그것은 조화, 통일, 변화이다.

상품의 진열을 어떻게 할 것인가? 색조는 어떻게 할 것인가? 고객의 편의를 어떻게 최고조로 해야 하는가? 이러한 점들을 고려해야 한다.

고객을 끌기 위해서는 고객이 편리함을 느끼고 친절감을 느끼게 해야 하기때문이다.

ⓒ 인기 : 고객의 심리를 간파해야 한다. 인기라는 것은 곧 심리와도 같다. 하지만 세상은 단순하지가 않다. 생존경쟁이 있는가 하면, 협력과 조화도 있어서 서로 돕는다.

치열한 생존경쟁이 있으므로 해서 사회는 발전한다. 인기에 따라 판매고가 달라지는 현대는 그만큼 상업도 복잡한 심리 속에 살고 있음을 뜻한다. 그래서 광고란 심리전과 같은 것이다.

2 광고의 놀라운 위력

간판을 내걸려고 여러 가지 문구를 생각해 본 끝에 종이에 이렇게 썼다.

〈모자점 톰 존슨은 현금으로 모자를 제조 판매합니다.〉

써놓고 보니 어딘가 미심쩍었다. 평범하기도 하고 또 복잡해 보이기도 했다. 간결한 핵심이 드러나 보이는 문구가 아니라는 생각이 점점 들었다. 불필요한 말이 너무 많이 들어 있다는 생각에 하나씩 지워나갔다.

모자 그림이 있으니 굳이 '모자점'이라는 글자는 필요치 않았다. 가장 먼저 없앴다.

그 다음에 '제조'를 지웠다. 만들어 파는 게 상식으로 되어 있으니 이 말도 필요없었다.

다음으로는 '현금'을 지웠다. 모자를 사려면 현금이 아니면 살 수 없던 때라 이것 역시 불필요했다. 당연한 말을 문구에 넣을 필요가 없는 것이다

네 번째로 삭제한 것은 '판매합니다'였다. 점포를 열어놓았으니 당연히 판매한다는 말이 아닌가.

마지막으로 지운 말이 '모자'였다. 모자 그림이 간판 속에 있는데 이 말도 없어도 무관했다.

'톰 존슨'은 다른 상점과 구별하는 상호이기에 이것만은 지울 수 없었다. '모자 그림'과 '톰 존슨', 이 두 가지의 결합으로 어떻게 멋지게 구성해 놓을 것인가를 고심한 끝에 톰 존슨이라는 모자가 세계적인 브랜드가 된 것이다.

아토미야 신타로는 독특한 광고로 소를 적절하게 이용한 일이 있다.

그는 한국전쟁 때 한 밑천 잡아 대만으로 갔다. 그는 그곳에서 정육점 '고베야'를 차렸다.

고베의 소를 대만으로 싣고 간 그는 광고의 필요성을 깨닫고 기발한 생각을 했다.

일곱 마리의 소에다가 '고베 소'라는 깃발을 달고 대만 거리를 돌게 했다. 이것이 금방 소문 퍼지자, 장사가 잘 됐다.

그는 상인으로 자기 나름의 신념을 가지고 있었다.

① 월급쟁이로는 돈을 벌 수 없다.

② 독자적인 장사를 해야 한다.

③ 남을 불행하게 만들면서까지 장사를 하지 않는다.

④ 학력으로 인간의 가치를 재려고 하는 것은 자로 체중을 저울질하는 것과 같다.

실제로 그는 이 신념을 지켜 나갔다.

간토 대지진 직후 호카이도의 목재를 사모으면 크게 돈을 벌 수 있다며 협력을 구하는 사람이 있었다. 그는 일언지하에 거절했다. 남을 불행하게 만들면서까지 돈을 벌지 않겠다는 자기 신념을 따랐던 것이다.

그의 본래 성은 '우시쿠로'라고 읽어야 정확한데, 부르기가 쉽지 않다고 생각하여 '아토미야'로 바꿨다. 상인이나 실업가는 읽기 쉬운 이름이 좋다는 생각 때문이었다.

상인으로서 어떻게 하면 고객에게 좋은 광고 효과를 낼 수 있는가 하는 고심에서 비롯된 일이었던 것이다.

에도 시대의 산토 교오덴(1761~1816)은 당시의 대중작가였다. 인기 있는 작가였지만 원고료만으로는 살 수 없어서 부업으로 긴자에 포장가게를 열었다.

상인이 되기 위해 이름도 교오야 덴조라 바꾸었다. 어떻게 광고를 생각하던 끝에 작품 속에다 활용하기로 했다. 그래서 가을에 팔 상품을 미리 작품 속에 묘사해서 책을 냈다. 이 방법은 다른 상인이 흉내낼 수도 없었다.

그리고 경축일에는 전단지를 뿌렸다. 그림과 글이 섞인 기발한 광고였는데, 당시만 해도 이러한 광고는 없었다. 게다가 그림의 화가는 우키요에라는 에도 시대의 유명한 풍속화가였다.

그림이며 문안이 예술의 경지에 이른 광고 전단지는 대대적인 인기를 끌었다. 작가 겸 상인이었던 이 사람이 오늘날까지 그 이름이 전해오는 것은 바로 그의 열성적인 자세 때문이다.

상품을 연구하고, 좋은 포장지를 만들고, 독특한 광고를 만들어 선전에 힘을 쓰면서 작품 속에다가 상품을 묘사하는 기발한 아이디어로 그 열의는 후세의 귀감이 아닐 수 없다.

광고에서 반복의 효과는 놀라운 위력이 있다. 한 유럽 신문에 〈광고의 비결〉이라는 기사가 났는데, 다음과 같은 것이었다. 좋은 참고가 될 것이다.

1. 한두 번으로 효과를 기대하지 말아야 한다. 처음 광고는 그저 시선에 스치게 할 뿐 읽어보지 않는다.
2. 두 번째도 사람들은 주목하지 않는다.
3. 세 번째에야 비로소 사람들은 그런 광고가 나왔다

는 정도로 여긴다.

4. 네 번 째는 이런 광고가 전에도 나왔지 하는 정도
   로 되살린다.

5. 다섯 번째 광고에서 사람들은 비로소 읽기 시작한
   다.

6. 여섯 번째가 되면 시선을 돌리고는 읽지 않는다.

7. 일곱 번째가 되면 마지못해 읽어보지만 귀찮다고
   생각한다.

8. 여덟 번째가 되면 또 귀찮은 광고구나 하고 생각
   한다.

9. 아홉 번째가 되면 어쩌면 조금은 가치가 있는 광
   고일지 모른다고 생각하기 시작한다.

10. 열 번째가 되면 "그 상품을 샀다가 속은 일은 없
    습니까?"라고 이웃사람에 물어보고 싶은 생각이
    든다.

11. 열한 번째가 되면 이렇게 광고를 많이 하면 광고
    료나 제대로 지불하는지 하는 의문을 갖는다.

12. 열두 번째가 되면 어쩌면 이 상품은 엉터리일지
    도 모른다는 생각을 한다.

13. 열세 번째가 되면 좋은 물건일지 모른다고 생각
    한다.

14. 열네 번째는, 이 상품은 전부터 자기가 바라던
    물건이라고 믿는다.

15. 열다섯 번째 에는기회가 되면 사겠다고 마음먹는
   다.

16. 열여섯 번째가 되면 상품명과 판매 상점을 수첩
   에 적어놓는다.

17. 열일곱 번째에는 지금은 살 돈이 없어 유감이라
   고 생각한다.

10대들이 꼭 배워야 할 돈 벌기 부자법칙

1판 1쇄 발행 / 2006년 06월 20일
1판 1쇄 발행 / 2006년 06월 30일
1판 2쇄 발행 / 2019년 01월 30일

지은이 / 미래경제연구회 엮음

주　간 / 장상태
편　집 / 전양경
디자인 / 김범석

펴낸이 / 김영길
펴낸곳 / 도서출판 선영사
주　소 / 서울시 마포구 서교동 485-14 선영사
TEL / (02)338—8231~2 FAX / (02)338—8233
E—mail / sunyoungsa@hanmail.net

등 록 / 1983년 6월 29일 (제02—01—51호)

ISBN 978—89—7558—331—7 43320